Albert Karl Wirth

FENG-SHUI
für den Westen

Das Grundlagenwerk

Die Verbindung östlicher Weisheit
mit westlichem Denken

D1677233

ISBN: 3-902287-02-0

Redaktion: Linda Wirth
Zeichnungen: Astrid Wienhold

Gesamtherstellung:
Albertus Magnus Verlag, Stadt Haag

Printed in Austria 2002

INHALTSVERZEICHNIS

Was ist Feng-Shui 5

Wieso westliches Feng-Shui? 7

Vergleich westliches und östliches Feng-Shui 9

Feng-Shui, seit langer Zeit im Westen praktiziert 11

Wie das Fließen entsteht 15

Yin und Yang 21

Was ist Chi? 24

Feng-Shui wirkt wie Akupunktur 25

Wie die Energie fließt 26

Wieso funktioniert Feng-Shui 27

Feng-Shui sieht man nicht, Feng-Shui spürt man! 30

Die Auswirkungen von Feng-Shui auf den ganzen Menschen 31

Die ideale Lage im Feng-Shui 35

Die Botschaft ins Unterbewußtsein 38

Feng-Shui und Wasser 40

Kein idealer Standort 42

Die Frage nach den Vorbewohnern 43

Ausgewogenheit am Grundstück 45

Harmonie bei Grundstück und Haus 47

Wichtig für die Gartengestaltung 49

Die 5 Elemente 51

Mit der Umgebung inHarmonie leben 54

Harmonie und Energie bei Wohnhäusern 57

Mut zur Farbe 60

Das persönliche Element 61

Die Grundschwingung des persönlichen Elementes 64

Elemente-Übersicht 68

Haben Sie Energieräuber in Ihrer Umgebung? 73

Kanten als Energieräuber im Haus 77

Das Bagua 79

Feststellen von Fehlenergien 86

Die Bagua-Bereiche 89

Ausgleich von Fehlenergien 99

Der Einsatz von Feng-Shui-Mitteln 102

Rückenschutz 124

Der äußere Eingangsbereich 125

Worauf in jedem einzelnen Raum zu achten ist 128

Dachschrägen 140

Feng-Shui-Maße 143

Was hinter dem Bagua noch alles steckt 146

Mit Feng-Shui den roten Lebensfaden erkennen 147

Westliche Bräuche und Feng-Shui 150

Das Gesamtsystem Feng-Shui 156

WAS IST FENG-SHUI?

Feng-Shui ist eine mehrere tausend Jahre alte Weisheitslehre, die ihren Ursprung in China nahm.

Das überraschend starke Interesse im Westen hat mit unserer derzeitigen Situation zu tun: Wir leben in einem Zeitalter des Umbruchs, alles verändert sich immer rascher und auch immer heftiger.

Trotz der Zunahme von immer mehr Geräten und Hilfsmitteln haben wir immer weniger Zeit. In vielen Firmen ist die Veränderungstendenz so rasch, daß das Menschliche auf der Strecke bleibt. Umso mehr sehnen wir uns nach einem Ort, an dem wir unsere Batterie wieder aufladen können.

Welche konkreten Ergebnisse kann man mit Feng-Shui erzielen?

Feng-Shui ist eine Erfahrungswissenschaft, das heißt über Jahrtausende wurde die Natur beobachtet und positive und negative Erfahrungen gesammelt. Durch diese Naturbeobachtungen entdeckte man auch den Strom des Chi. Chi verhält sich wie Ebbe und Flut, kann auch mit einer sanften Brise verglichen werden. Die Feng-Shui-Regeln sind ein Abbild dieser Erfahrungen.

Feng-Shui-Maßnahmen sind Maßnahmen der Harmonieverbesserung und dienen gleichzeitig der Anhebung von Energie. Das ist wahrscheinlich auch der Grund, warum sich Feng-Shui derzeit einer ganz besonderen Beliebtheit im Westen erfreut. Weil es den idealen Gegensatz zu unserer heutigen Arbeitswelt darstellt, voller Hektik, Nervosität, Streß und damit voller Energieverlust.

Unser Zuhause sollte eine Oase der Ruhe, des Friedens, der Harmonie sein. Feng-Shui bietet die Möglichkeit dazu.

Feng-Shui bedeutet Wind und Wasser

Nach den neuesten Forschungen wird nicht nur das Erdklima durch Wind und Wasser gebildet, sondern auch alle Landschaften, ob Wüste oder fruchtbares Paradies.

Es handelt sich also um die Urprinzipien des Lebens, daher auch die sehr hohe Wirksamkeit von Feng-Shui.

Wind und Wasser bilden in ihrem Wechselspiel Chi, die Lebensenergie, die im gesamten Kosmos für Bewußtseinsprozesse und damit Lebensprozesse sorgt.

Schon vor 2500 Jahren erkannte der griechische Philosoph Heraklit diese Gesamtzusammenhänge: panta rhei = alles fließt, ist die uns überlieferte Aussage.

WIESO WESTLICHES FENG-SHUI?

Ich hatte meine erste Begegnung mit Feng-Shui anläßlich eines beruflichen Aufenthaltes in Hongkong. Von den chinesischen Mitarbeitern wurde anläßlich eines Fabrikneubaues darauf bestanden, einen Feng-Shui-Meister bereits in der Planungsphase beizuziehen, damit bestmögliches Chi erreicht werde.

Als typischer Westler hatte ich seinerzeit keinerlei Verständnis für diesen „Firlefanz" und sträubte mich, diesen „Hokuspokus" mitzumachen.

Es wurde mir schließlich erklärt, daß es sehr wichtig sei, bei der Personalsuche darauf hinweisen zu können, daß das Gebäude von einem Feng-Shui-Meister mitgestaltet und daher gesegnet sei, nur dann bekäme man die benötigten Fachkräfte.
Daher ließ ich mich breitschlagen, einen Feng-Shui-Meister zu konsultieren.
Für mich bedeutete das der erste Kontakt mit einer mir bis dahin völlig fremdem Welt, die sehr faszinierend war.

Feng-Shui-Kenner behaupten, daß der Erfolg von Hongkong zu einem sehr großen Teil von der konsequenten Anwendung von Feng-Shui herrührt.

Trotz dieser hochinteressanten Erfahrungen war ich damals der Meinung, daß dieses Feng-Shui nur im Fernen Osten anwendbar sei, weil es, wie sich bei näherem Studium bei einigen Feng-Shui-Meistern in Hongkong und Singapur herausstellte, sehr stark mit fernöstlicher Mystik und Aberglauben versetzt ist.

Nachdem ich wieder nach Europa zurückgekehrt war, vergaß ich einige Jahre mein Wissen, bis ich mir ein altes Haus auf dem Lande kaufte, das mir und meiner Familie sehr gut gefiel, und das in Bezug auf Lebensqualität unseren Wünschen ganz besonders nahekam. Wir konnten uns also den uralten Wunschtraum eines jeden Städters erfüllen, auf das Land zu ziehen, die Natur zu genießen und so naturnah wie möglich zu leben.

Das Haus, in das wir einzogen, stammt aus dem 18. Jahrhundert.

Nach einiger Zeit stellten wir fest, daß wir (die ganze Familie) Energie verloren. Das drückte sich aus durch vermehrtes Auftreten von Krankheiten, Lustlosigkeit etwas zu unternehmen, chronische Müdigkeit, erhöhtes Schlafbedürnis, usw. so, als ob uns jemand oder etwas permanent Energie entzöge. Und das war das krasse Gegenteil unseres bisherigen Lebens!

Jetzt erinnerte ich mich an meine Feng-Shui-Kenntnisse und auch an die Tatsache, daß man damit Energien verbessern, den Energiefluß anregen und vermehren kann.

Mit Hilfe von massiven Feng-Shui-Maßnahmen gelang hier eine Umkehrung der misslichen Situation.

Von diesem Moment an wußte ich, daß Feng-Shui auch im Westen funktioniert. Und seither weiß ich auch, daß alte Häuser im Laufe der Jahrhunderte und Generationen Energien verlieren oder gewinnen können, je nachdem, welche Menschen sie bewohnen!

Unser Haus heute, nach massivem Feng-Shui-Einsatz im Aussen und Innen

Seither konnte ich zahlreichen Menschen bei der Verbesserung ihrer persönlichen Situation durch eine Anhebung der Energie in ihren Wohnräumen helfen.
Jetzt verwende ich meine Erfahrungen auch in der Wirtschaft, weil es heute ganz besonders wichtig ist, mit Hilfe von Feng-Shui die Energiesituation in einem Unternehmen zu verbessern.

VERGLEICH WESTLICHES UND ÖSTLICHES FENG-SHUI

Natürlich ist es Unfug, fernöstliches Feng-Shui eins zu eins im Westen zu übernehmen. Das Weltbild des Westens unterscheidet sich gravierend vom fernöstlichen und drückt sich durch eine andere Denkweise, Lebensweise, andere Moralvorstellungen, Gebote und Verbote, und auch durch völlig verschiedene religiöse Anschauungen und Gebräuche aus.
Man sollte hier keine Wertung aussprechen, aber doch die Realität anerkennen, wie sie ist.

Als Ausgleich zu unserer nüchternen Welt finden fernöstliche Lehren, besonders dann, wenn sie sehr exotisch, unerklärlich und sehr mystisch sind, regen Zulauf. Das gilt auch für Feng-Shui. Ansonsten nüchterne (realitätsbezogene) Menschen finden nichts dabei, sich vor „wandernden Geistern auf den Friedhöfen" zu schützen (Zitat aus dem Vortrag eines chinesischen Meisters, der in Europa eine große Anhängerschar hat).

Ich werde nie den grotesken Anblick vergessen, als mir der Besitzer eines stattlichen Bauernhauses im österreichischen Mostviertel ganz stolz vorführte, welche Feng-Shui-Maßnahmen er nach der Beratung durch einen Feng-Shui-Experten der chinesischen Schule gesetzt hatte. An allen Fenstern hingen Klangspiele, in den Räumen dienten chinesische Fächer als Energietransport, garniert mit chinesischen Flöten!

Das ist genauso grotesk, wie wenn man in einem chinesischen Haus eine massive Mostpresse, die bei uns in jedem Bauernhaus vorhanden ist, aufstellen würde.

Ein paar Beispiele zum Vergleich mögen die für uns unüblichen Vorstellungen verdeutlichen:

In Fernost ist die Trauerfarbe weiß, bei uns jedoch schwarz.
Nach chinesischer Überlieferung sollte kein weißes Bettlaken verwendet werden, da dies ein Zeichen für Trauer ist! (Tote werden in weißes Leinen eingenäht).

Chinesen haben große Angst vor der Zahl 4, die mit Tod assoziiert und daher gemieden wird, wo immer möglich. Krampfhaft wird diese Zahl nicht nur bei Adressen, sondern auch bei Telefonnummern vermieden (bringt Unglück!).

Sollten Sie einem Feng-Shui-Berater begegnen, der so einen Unsinn verzapft, klären Sie ihn bitte auf, daß das damit zusammenhängt, daß die Zahl 4 im Chinesischen so ähnlich klingt wie Tod. Was hat das mit uns zu tun? Die Zahl 4 symbolisiert bei uns seit undenklichen Zeiten Materie. Und bei uns bringt das 4-blättrige Kleeblatt Glück!

Genauso verhält es sich mit dem Märchen, daß das Bett so gestellt werden muß, daß die Füße **nicht** zum Schlafzimmer-Eingang zeigen dürfen, denn das deutet auf Tod hin. Angeblich werden nur Tote mit den Füßen voran transportiert!?

Im Laufe der Jahrtausende und der vielen offiziellen Verbote kam es beim Feng-Shui immer wieder zu Vermischungen mit allen möglichen fernöstlichen Irr- und Aberglauben sowie Geisterglauben, der leider unreflektiert auch im Westen gelehrt wird. Das hält viele Europäer (teilweise zurecht) davon ab, sich mit Feng-Shui ernsthaft zu beschäftigen, hat aber mit dem positiven Kern von Feng-Shui (Tao) überhaupt nichts zu tun.

Daher müssen alle Feng-Shui-Regeln hinterfragt und am besten reflektiert werden, inwieweit sie sinnvoll und damit heilsam bei uns angewandt werden können.
Ich habe im Rahmen der Heureka-Akademie das Europäische Feng-Shui Institut gegründet, das sich mit dieser „Übersetzung" in unsere Kultur befaßt.

Wichtige Anmerkung:

Dieses Aufzeigen von einigen unterschiedlichen Auffassungen soll nicht als Kritik oder Wertung verstanden werden. Ich selbst beschäftige mich seit fünfzehn Jahren mit fernöstlicher Philosophie und bin begeistert vom tiefen Sinn, versuche aber eine Brücke zwischen diesen beiden Welten zu schlagen. Beides zusammen – das fernöstliche und das westliche Denken – ergibt ein neues Denken, das heute besonders für uns im Westen wichtig ist und dazu beitragen kann, daß unser schöner Planet durch ein neues Bewußtsein der Menschen achtsamer behandelt wird.

FENG-SHUI, SEIT LANGER ZEIT IM WESTEN PRAKTIZIERT

Die intensive Beschäftigung mit Feng-Shui im Rahmen des Europäischen Feng-Shui Institutes und das Studium alter Baupläne ergab die verblüffende Erkenntnis, daß in unseren Breitengraden die Feng-Shui-Regeln schon lange Zeit praktiziert wurden, ohne dafür einen speziellen Namen zu haben.

Es gibt eine ganze Reihe von Feng-Shui-Regeln, die mündlich weitergegeben wurden, und die in ihren Auswirkungen erkennen lassen, daß große Teile dieses Wissens schon seit geraumer Zeit auch zum Kulturschatz unserer westlichen Welt gehören! Die Zusammenhänge sind die wichtigsten Forschungsgebiete des Europäischen Feng-Shui Institutes und werden zu gegebener Zeit veröffentlicht.

Klöster, Kirchen, Schlösser, aber auch Bauernhäuser wurden in alter Zeit nach Kriterien gebaut, die genau den Feng-Shui-Regeln entsprechen.

Stift Seitenstetten

Stephansdom Wien

Das Wissen wurde früher in den Bau-Zünften mündlich überliefert, und es gab somit keine schriftlichen Aufzeichnungen, ist aber trotzdem – manchmal ganz verblüffend – völlig ident mit den Regeln des Feng-Shui.

Erwähnenswert dazu sind:

- Entschärfte Hauskanten (siehe dazu Seite 76)

- Brunnen vor dem Hauseingang

- Schutzsymbole am Haus

Alte Schutzsymbole an mittelalterlichen Hausfassaden

- Die in unserer Gegend (Österreich) zahlreichen Vierkanthöfe (entsprechen dem harmonischen Grundriß eines Quadrates).

- Abgeschrägte Ecken im Reichtumsbereich der typischen Bauernstube (Herrgottswinkel).

- Bei alten Bauernhöfen kann man sich darauf verlassen, daß im Stallbereich garantiert keine Wasseradern oder Erdverwerfungen zu finden sind. Bauplätze wurden vorher genauest gemutet, damit das Vieh (der wichtigste Besitz damals) gut gedeihen konnte.

- Natur-Materialien (wie Lehm, Holz, Ziegel, Stroh) sorgten schon immer für eine besonders angenehme natürliche Schwingung.

- Gewölbe funktionieren wie Ionisatoren. Nach neuesten Forschungen bauen sie negative Ionen auf (die Luft besteht aus positiven und negativen Ionen, durch Luftverschmutzung überwiegen die positiven Ionen), was zur Verbesserung des Raumklimas/der Luft und des Wohlgefühls stark beiträgt.

- In vielen Räumen zwischen Wand und Decke sogenannte Hohlkehlen, die das Chi besonders gut fließen lassen.

Mittelpunkt

- In vielen Zimmern findet man einen deutlich erkennbaren Mittelpunkt in Form einer schönen Stuckatur, – eine Feng-Shui-Maßnahme, die immer für Harmonie sorgt.

Erst vor kurzem hielt ich einen Vortrag in einem bekannten Stift und konnte das Publikum darauf hinweisen, daß es nur beim Fenster hinauszuschauen brauche, um diese Regeln in der Praxis zu beobachten.

Auch bei diesem Stift, wie bei hunderten anderen war der Mittelpunkt des Stiftsplatzes durch einen Brunnen betont, – eine wichtige Feng-Shui-Regel. Verblüffenderweise sind sehr viele dieser Brunnen achteckig, was wiederum eine deutliche Feng-Shui-Symbolik darstellt.

Stift Seitenstetten

Die hauptsächliche Farbe dieser Gebäude ist gelb, symbolisch bedeutend „es gibt mich über Jahrhunderte". In Wien ist das sogenannte „Schönbrunner-Gelb" bekannt. Das heißt: Gebäude, die dem österreichischen Kaiser gehörten, wie Schloß Schönbrunn, sind in einem speziellen Gelb gehalten.

Schloß Schönbrunn

Die direkte Paralelle dazu gibt es in China. Hier entspricht die Kaiser-Farbe ebenfalls dem Gelb, das symbolisch Beständigkeit signalisiert.

WIE DAS FLIESSEN ENTSTEHT

Das Prinzip der Polarität ist am besten mit dem Atem erklärbar. Das Atmen besteht aus zwei entgegengesetzten Polen, nämlich dem Einatmen und dem Ausatmen. Der ganze Vorgang Atmung besteht also aus zwei Teilen, die konträr, aber doch gleichwertig sind. Beide Teile sind notwendig, damit das Grundprinzip Atmung bestehen kann. Wir haben es hier mit einer Urkraft zu tun, der Polarität, die unser gesamtes Leben beeinflußt.

Polarität

Alles, was in unserer Welt existiert, unterliegt der Polarität:

Tag	–	Nacht,
Mann	–	Frau
Norden	–	Süden,
Osten	–	Westen,
Krieg	–	Frieden,
gut	–	böse,
hell	–	dunkel,
süß	–	sauer,
rechts	–	links,
oben	–	unten,
etc.		

Es gibt hunderttausende von Polaritäten, die das „pantha rhei", das Fließen, erst ermöglichen. Die Polaritäten machen das Leben überhaupt erst möglich.

In meinem Buch „LASS LOS UND LEBE" (Verlag Denkmayr) habe ich mich ausführlich mit diesen Urprinzipien beschäftigt. Es handelt sich um ein Mega-Gesetz des Kosmos. Leben entsteht durch das Fließen zwischen zwei Polen.

Sehr einfach ausgedrückt haben wir das Prinzip auch beim Strom und bei unserer Autobatterie. Auch hier ist es das Fließen zwischen zwei Polen, das die Funktion dieses Stromes, dieser Batterie erst ermöglicht.

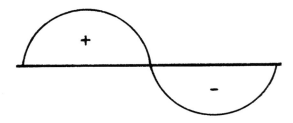

Im übertragenen Sinne bedeutet das, unser Leben besteht ebenfalls aus Plus und aus Minus. Es kann dann frei fließen, wenn wir sowohl unsere Hochs als auch unsere Tiefs anerkennen.

Probleme, Blockaden, Sorgen, Nöte entstehen dann, wenn wir dieses Fließen behindern, indem wir glauben, das Leben müßte uns gefälligst nur Positives servieren. Also alles was dem Pluspol entspricht, nehmen wir gerne an, und alles was dem Minuspol entspricht, lehnen wir ab.

Wir blockieren, weil wir glauben – oder es wurde uns suggeriert – das Leben müßte immer positiv sein. Dadurch entsteht ein Stau (Blockade), und wir produzieren einen Schatten, der in Form von unangenehmen Lebensumständen auf Erlösung drängt.

Nachdem zum Leben aber beide Pole gehören, findet hier eine permanente Verdrängung statt. Wir drängen also den Pol, der uns nicht gefällt, in den Schatten, und genau dieser „Schatten" verfolgt uns dann ein ganzes Leben lang – als Problem, das immer wieder auftaucht, als Lebensumstand der unangenehm ist, oder als Mensch der uns permanent aufregt, – aber nur deshalb, weil er uns wie ein Spiegel unsere persönlichen ungelösten Aspekte der Polarität aufzeigt.

Die Auflösung des Schattens kann nur durch Loslassen erfolgen. Loslassen bedeutet die permanente Anerkennung beider Pole unseres Lebens, die damit gelösten Blockaden bringen unsere verlorengegangene Energie und damit Lebensmut wieder zurück.

Die Polarität findet man auch in unserem Körper
(linke und rechte Gehirnhälfte).

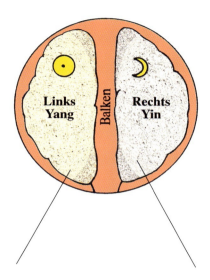

LINKS

Logik
Sprache
Lesen
Schreiben
Rechnen
Zählen
Digitales Denken
Lineares Denken
Analyse
Intelligenz

RECHTS

Gestaltwahrnehmung
Ganzheitserfassung
Raumempfinden
Musik
Geruch
Muster
Analoges Denken
Holistik
logische Mengen
Intuition

Wenn wir uns dieses Bild ansehen, dann wird uns bewußt, daß wir in unserer westlichen Gesellschaft über die Jahrhunderte sehr einseitig erzogen worden sind, nämlich alles was in unserer Gesellchaft zählte und auch noch zählt, finden wir im Bereich linke Gehirnhälfte. Unsere Wissenschaft, die ausschließlich auf den Bereich Analyse fixiert ist, gehört hier ebenfalls dazu.

Immer stärker wird derzeit die Gegenbewegung. Das bedeutet, langsam aber sicher bewegen wir uns nun auf den Gegenpol zu. Immer mehr Menschen befassen sich mit Intuition, Spiritualität, Esoterik, etc.

Ein ausgeglichener, ganzheitlicher Mensch vereinigt beide Gehirnhälften, und das bedeutet für ihn eine wesentliche Erhöhung seines Gesamtpotentials.

Gott sei Dank wird immer mehr Menschen klar, daß es für die Persönlichkeitsentwicklung jedes Einzelnen ganz besonders wichtig ist, die rechte Gehirnhälfte mehr einzubinden, sodaß dieser bisher fehlende Teil des Ganzen in die Gesamtpersönlichkeit integriert wird.

Das Prinzip Tao

Die Chinesen haben diese Zusammenhänge schon vor mehr als 5000 Jahren erkannt und das Polaritätsprinzip im Zeichen des Tao zusammengefaßt.

Hier wird in perfekter Weise das Prinzip Yin-Yang nicht als Gegensatz dargestellt, sondern als Ergänzung, als Miteinander verwoben, wobei im einen Teil der „Gegensätze" auch noch der Kern des anderen Prinzips in Form eines Punktes vorhanden ist.

Aus dieser Erkenntnis heraus unterscheidet sich die fernöstliche Denkweise sehr stark von der westlichen. Aufgrund unseres Hanges zur Analyse (unsere gesamte Wissenschaft ist darauf aufgebaut) ist unser Denken auf

„entweder – oder"

aufgebaut.

Die östliche Denkweise, ausgedrückt durch das Prinzip des Tao, kommt der Wahrheit wesentlich näher (das Leben ist Fließen) und propagiert daher das

„sowohl – als auch".

Das Zeichen des Tao (chin., „der Weg", das All-Eine, das absolute vollkommene Sein) symbolisiert das erwähnte Meta-Gesetz des Kosmos. Es erklärt in genialer Weise das überall gültige Lebensprinzip.

Kreis = das Eine, der Ursprung von allem

Zeichen des Tao = die zwei Dinge

Alles ist aus dem Einen entstanden, das Eine ist das Potential von allem. Damit es überhaupt zu einer Entwicklung kommen kann, müssen zwei Kräfte vorhanden sein (Polarität), die sich gegenseitig bedingen.

Erst durch einen permanenten Wechsel zwischen den Polen erfolgt die Bewegung und Weiterentwicklung, und genau daraus entwickelt sich das Leben, entwickeln sich die Millionen von Formen und Farben, die sich in der Natur ergeben.

Spruch des Tao:

Tao gebar das Eine.
Das Eine gebar zwei Dinge,
dann drei Dinge
dann zehntausend.

(von Laotse, aus dem Tao te king)

Wichtigste Aussage: Das Leben ist einem ständigem Wandel unterworfen (das Rad des Lebens), wie z.B. die Jahreszeiten Frühling – Sommer – Herbst – Winter, oder der Tagesrhythmus Morgen – Mittag – Nachmittag – Mitternacht.

ständiger Wandel

Die Polarität ist also der Motor allen Lebens. Sämtliche Formen der Materie sind auf diesem Prinzip aufgebaut. Die Anerkennung (Akzeptanz) beider Pole in unserem Leben bedeutet die Anerkennung dieses Meta-Prinzips und damit die Auflösung von (geistiger) Einseitigkeit, und das führt zur Auflösung von Blockaden, Disharmonien und Enttäuschungen.

YIN UND YANG

Es geht also um ein Wechselspiel der Kräfte, einen Ausgleich von vermeintlichen Gegensätzen, die in Wahrheit gar keine Gegensätze sind. Nehmen wir als Beispiel das nächste Bild:

Altaussee, Österreich

Wenn Berg (Yang) und Tal (Yin) in einem ausgewogenen Verhältnis zueinander stehen, dann empfinden wir dies als besonders wohltuende Landschaft, in der wir erhöhtes Chi spüren können. Da das Tal im Verhältnis zum Berg sehr oft ein wenig zu klein dimensioniert ist, bekommt es eine Korrektur durch weiteres Yin (Wasser), das heißt einen See, sodaß in so einem Falle Berg und See in einem sehr harmonischem Yin-Yang-Verhältnis stehen.
In diesen Gegenden können wir besonders gut Energie tanken.

Genau dazu zählt meine Lieblingsgegend Altaussee im österreichischen Salzkammergut. Als ich zum ersten Mal in diese Gegend kam, war ich ganz überwältigt von einem positiven Gefühl, das man nicht näher beschreiben kann. Wenn man in der Chronik dieser Gegend nachsieht, dann kann man feststellen, daß es sehr vielen Sensitiven und vielen berühmten Künstlern ebenso ergangen ist, die sich in diese Gegend verliebt haben und hier teilweise auch sesshaft geworden sind.
Es ist hier einfach der Ausgleich der Kräfte durch die Natur perfekt gelungen, und das spürt man auch. Nach einer Wanderung rund um den Altausseersee hat man wieder neue seelische und körperliche Kräfte gesammelt.

Ich brauche nicht besonders betonen, daß sich diese Gegend und Landschaften ähnlicher Qualität steigender Beliebtheit erfreuen, sodaß sich die Bürgermeister solcher Orte durch eigene Verordnungen vor Überfremdung schützen, weil sich der einheimische Bewohner die astronomischen Grundpreise nicht mehr leisten kann.

Ein harmonisches Miteinander von Yin und Yang ergibt Harmonie. **Beide** Kräfte müssen dazu vorhanden sein. Überwiegt nur eine davon, muß hier ein bewußter Ausgleich gesetzt werden. Beispiele für Yin und Yang siehe nachstehende Tabelle:

	Yin	Yang
Allgemein	weiblich passiv Nacht innen kalt dunkel unten weich Mond Regen Erde Wasser ungerade Zahlen Winter	männlich aktiv Tag außen warm hell oben hart Sonne Sonnenschein Himmel Berge gerade Zahlen Sommer
Räume	feucht, dunkel,kalt	trocken, hell, warm
Formen	oval, gerundet, rund	spitz
Steine u. Kristalle	Lapislazuli, Aquamarin, Rosenquarz, Mondstein	Rubin, Granat, schwarzer Turmalin, Blutstein
Düfte für den Raum	Kamille, Vanille, Geranie, Lavendel, Pfefferminz, Thymian	Ingwer, Rosmarin, Zimt, Rose
Farben	grün, blau, schwarz, braun	rot, orange, gelb

Ein praktisches Beispiel:

Ein Haus liegt in einem Tal mit viel Schatten (Yin) und hat feuchte Mauern (Yin). Hier muß ein Ausgleich geschaffen werden durch

- kräftige Yang-Farben, wie etwa rot, orange, gelb (Yang)

- Mauertrockenlegung (Yang)

- große Fenster, die viel Licht hereinlassen (Yang)

- viele Lichtquellen im Haus (Yang)

WAS IST CHI?

Diese „kosmische Energie" ist in der gesamten Natur, einschließlich dem Menschen, vorhanden.

Dieses Chi kommt in praktisch allen Kulturen vor. In Japan heißt es Ki, in Indien heißt es Prana, die Kelten nannten es Äther, moderne Forschungen bezeichnen es als Nullpunkt-Energie.

All das sind Beschreibungen einer unsichtbaren Energie, die nicht genau lokalisierbar ist, aber durch alle Dinge des Universums fließt.

Sie ist auf dieser Welt nicht gleichmäßig verteilt, sondern unterschiedlich vorhanden, z.B. sind Wüstengebiete mit wenig Chi, Berggegenden mit viel Chi und Vulkangebiete mit sehr viel Chi besetzt. Dieses Chi sollte fließen, aber dieses Fließen sollte im Gleichmaß sein. Das heißt, zu viel Fließen ist genauso schlecht wie zu wenig.

Ein typisches Beispiel für fließendes, aktives Chi ist ein Wasserfall. Wann immer es einem körperlich oder seelisch nicht gut geht, sollte man einen Wasserfall aufsuchen, und man wird ganz verwundert feststellen, daß es einem bereits nach einer Viertelstunde wesentlich besser geht.

FENG-SHUI WIRKT WIE AKUPUNKTUR

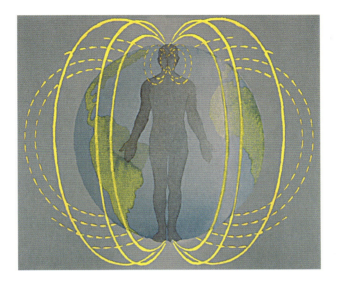

Beim Menschen fließt das Chi durch feinstoffliche Energiekanäle – die Meridiane. Wenn diese Meridiane verstopft sind, kommt es zum Ausbruch von Krankheiten. Durch das Setzen von Maßnahmen – bei Akupunktur die Nadeln, bei Feng-Shui das Plazieren von Gegenständen oder das Wegräumen von Gegenständen – verbessert man somit die Chi-Situation.

Auch die Akupunktur kann auf eine mehrere tausend Jahre alte Tradition zurückblicken. Interessant und typisch ist, daß Akupunktur bis vor kurzem von der westlichen offiziellen Schulmedizin nicht anerkannt wurde. Erst mit der Entwicklung von immer feineren Meßgeräten kann man die Wirkung dieser Heilmethode heute (1999) wissenschaftlich nachweisen.

Das gleiche Prinzip gilt auch für Feng-Shui. Der Feng-Shui-Meister stellt sich auf die Energiesituation eines Raumes ein, versucht bei zu viel Energie diese zu bremsen und bei zu wenig Energie diese anzuregen, sodaß es auch hier wieder zu einem idealen Ausgleich der Kräfte (Yin und Yang) kommt. Je besser das gelingt, umso harmonischer ist der entsprechende Raum, und umso mehr Chi verspüren die Bewohner oder Besucher dieses Raumes, sodaß es hier zu einem positiven Aufladeeffekt kommt.

WIE DIE ENERGIE FLIESST

In allen Völkern und Kulturen galt die Spirale als heiliges Zeichen (auch bei unseren Vorfahren, den Kelten). Das kommt daher, daß sich das Chi nie in geraden Linien bewegt, sondern immer spiralförmig.
Wenn nun z.B. ein Garten so angelegt ist, daß sich dieses Chi in gewundenen Bahnen bewegen kann, dann ist sichergestellt, daß es hier ein sehr hohes Chi und damit sehr viel Harmonie und Kraft gibt.

Gerade Wege produzieren das sogenannte Sha = schneidendes Chi, und das schadet nicht nur den Pflanzen, sondern auch den Bewohnern eines Hauses, auf das diese pfeilartige Energie zuschießt.

positive Energie
= Chi

negative Energie
= Sha

Das Chi ist je nach Gegend unterschiedlich. Es richtet sich auch nach der topographischen Lage. Das heißt, ein Haus an einem steilen Berghang hat zu viel Chi. Hier können durch Feng-Shui Gegenmaßnahmen gesetzt werden. Ein Haus in der Ebene kann zu wenig Chi haben, was wiederum den Einsatz von Feng-Shui-Wissen notwendig macht.

Natürlich ist nicht nur die topographische Lage für das Chi verantwortlich, sondern auch das Vorhandensein von sauerstoffreicher Luft – ist Wald in der Nähe, handelt es sich um ein Seengebiet oder handelt es sich um die Ausläufer eines Gebirges?

Ein besonders wichtiges Kriterium für Chi ist das Vorhandensein von Wasser. Nicht umsonst liegen die größten Städte der Welt an der Küste eines Meeres.
Hier sind sich ausnahmsweise die verstandesbezogene Deutung (Transportweg) und die Energiebedeutung (je mehr Wasser umso mehr Chi) einig. Beide Betrachtungsweisen sind richtig.

WIESO FUNKTIONIERT FENG-SHUI?

Es ist erstaunlich, welches ungeheure Wissen die Chinesen bereits vor einigen tausenden Jahren besaßen.

Die Grundlage der Wirkungsweise von Feng-Shui besteht in der Tatsache, daß die Grundessenz von allem, was in diesem Kosmos existiert, Energie ist. Das ist der gleiche Ansatz, den wir in der modernen Quantenphysik beobachten können. Der Beginn dieser modernen Betrachtungsweise liegt bei uns ca. 80 Jahre zurück. Albert Einstein, Werner Heisenberg, Max Planck und viele andere mehr haben dieses neue Weltbild bei uns begründet.

Wenn wir das Geschehen auf dieser Welt von der Energieseite aus betrachten, dann bedeutet das, jeder Gegenstand ist eine Ansammlung von Energie, von Schwingung.

Ich sitze gerade an einem Schreibtisch, während ich an diesem Buch arbeite. Gehen wir in die tiefere Struktur dieses Schreibtisches, so kommen wir zur Molekularstruktur, dann eine Stufe tiefer zur Atomstruktur des Tisches. Moderne Forschungen dringen in immer kleinere Einheiten vor, bis hinab zu den Photonen und Quarks, Leptonen und Gluonen, Tionen und Myonen, den Rischonen, den Tohus und Wohus, …

Letztendlich bleibt von der sogenannten Materie nichts mehr übrig, sondern nur Energie, die nach den Prinzipien der Polarität durch Anziehen und Abstoßen bestimmte Energiendichten bildet und hier nach Anordnung dieser Atome und Dichte in unserer grobstofflichen Welt dann als Materie in Erscheinung tritt.

Bei den Urbausteinen der Materie, die keine Materie an sich mehr darstellen, kommen wir wieder zum kosmischen Urprinzip von Yin und Yang, Plus und Minus, dem Atomkern (+) und den Elektronen, die ihn umkreisen (–), zur Polarität.

Alles ist Energie

Wenn jemand ein Haus baut, dann ist das, stark vereinfacht ausgedrückt, nichts anderes als die Ansammlung von Energie, wobei hier Materialien, Größenordnung und Dimensionen ein bestimmtes „Energiepaket" darstellen.

Der Mensch, der nunmehr in diesem Haus, dieser Wohnung lebt, wird von dieser massiven Form von Energie permanent beeinflußt.

Durch das Umstellen von Gegenständen, den Einsatz von Farben, das Weglassen von Gegenständen, etc. verändert man das Gesamtenergiefeld, und dies wirkt sich wiederum auf die Bewohner aus.

Das bedeutet, jede Veränderung in unseren eigenen vier Wänden hat eine bestimmte energetische Auswirkung!

Aufgrund der jahrtausende langen Erfahrung von Feng-Shui kann man daher ganz gezielt mit Hilfe von Feng-Shui-Regeln bestimmte energetische Auswirkungen zu unserem Wohle verursachen.

Durch Feng-Shui werden Räumlichkeiten harmonischer, das hat eine positive Wirkung auf die Bewohner und drückt sich durch eine ruhige, gelassene Atmosphäre aus.

- Zu Hause bedeutet das, daß das Gesprächsklima wesentlich verbessert wird, daß man seine Wohnung, sein Haus dazu verwenden kann zum Relaxen, um auszuspannen und wieder neue Kräfte zu tanken. Die Oase der Ruhe, die wir in der heutigen Zeit so dringend brauchen!

- In Unternehmen bedeutet das, daß dadurch achtsamer miteinander umgegegangen wird, daß das Betriebsklima wesentlich verbessert und dadurch das Erfolgspotential erhöht wird.

Feng-Shui schafft ganz bewußt einen Gegensatz zur Welt im Außen, die immer unruhiger wird, immer schneller, immer hektischer, vielleicht auch immer komplizierter.

Das Prinzip Zu-fall

Die Wohnung, das Haus ist ein Symbol und damit ein Abbild der Energiesituation der Bewohner. Man sucht sich unbewußt das Haus (die Wohnung), das zu einem paßt.

Aus dieser Tatsache heraus ist jeder Zufall anders zu definieren. **Zu-fall** bedeutet: Aufgrund der inneren Struktur, aufgrund der inneren Programme, aufgrund der Denkungsart eines jeden Menschen **fällt** ihm – nach dem Resonanzgesetz – genau das **zu,** was seinem Innersten entspricht. Das äußert sich in bestimmten Lebensumständen, Situationen, Begegnungen, bis hin zum Schicksal.

Wenn man im Leben etwas ändern möchte, dann muß man damit bei den eigenen Gedanken, bei den eigenen inneren Programmen beginnen. Das wird von vielen Menschen, ja von einem Großteil der Gesellschaft massiv verdrängt, weil es wesentlich bequemer ist, die Schuld auf die Umwelt zu projizieren.

Wie Innen so Außen

Die Erfahrung zeigt, daß man trotz aller Bemühung um Änderung der inneren Programme immer wieder in die alten, hinderlichen Programme verfällt. Hier bietet Feng-Shui eine sehr wesentliche Hilfe. Nach dem Prinzip „Wie Innen so Außen" erfolgt hier eine Änderung im Außen (z.B. Gegenstände werden aus einem Raum entfernt), und dies hat wiederum eine Auswirkung auf das Innen (Unterbewußtsein) und kann hier zum Beispiel einen Loslösungsprozeß bedeuten.

Es ist ein Spiel der Wechselwirkungen, und das macht Feng-Shui nicht nur so interessant, sondern man kann mit Fug und Recht feststellen, daß Feng-Shui dadurch eine echte, bewährte Lebenshilfe darstellt.

FENG-SHUI SIEHT MAN NICHT, FENG-SHUI SPÜRT MAN!

Als ich vor einiger Zeit von einem Fernsehteam besucht wurde, das die Aufgabe hatte, eine Sendung über Feng-Shui zu gestalten, war die erste Frage einer Journalistin, als sie in meinem Büro ankam: „Wo ist hier das Feng-Shui?" Sie hatte tatsächlich angenommen, daß sie durch chinesische Schriftzeichen, durch Glöckchen, durch Girlanden, durch Gongs, durch Klangspiele durchmüsse, um in mein Büro zu gelangen.

Meine Antwort darauf war: „Setzen Sie sich hin, trinken Sie eine Tasse Kaffee, und lassen Sie diesen Raum und dieses Haus auf sich wirken. Feng-Shui sieht man nicht, Feng-Shui spürt man." Die Journalistin war zuerst ganz verblüfft, dann aber begann sie wirklich die Atmosphäre von Feng-Shui zu spüren, war ganz begeistert. Das Fernsehteam drehte einen ganzen Tag lang in meinem Haus, in meinem Garten, in meinem Büro, und so entstand ein wirklich sehr einfühlsamer, wunderschöner Feng-Shui Bericht.

DIE AUSWIRKUNGEN VON FENG-SHUI AUF DEN GANZEN MENSCHEN

Wie schon erwähnt, handelt es sich um einen Ausgleich von Energien.

Feng-Shui bedient sich einer Symbol-Sprache. Symbole werden vom Unterbewußtsein direkt erkannt und integriert, sodaß Symbole den schnellsten Weg der Kommunikation darstellen. C.G. Jung hat dazu faszinierende Forschungsergebnisse geliefert.

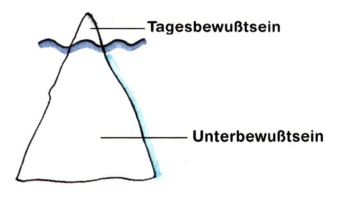

das Eisberg-Prinzip

Dazu muß man wissen, daß das Unterbewußtsein bei uns Menschen den größten Einflußfaktor darstellt. Es wird geschätzt, daß dieser Bereich ca. 90 % unserer Gesamtpersönlichkeit ausmacht und für Symbolik besonders ansprechbar ist. Über unsere inneren Programme, die großteils in der Kindheit gebildet wurden, und über unsere Denkmechanismen (innere Bilder) bildet sich in uns ein Filter, der uns die Realität individuell erfahren läßt. Dabei gibt es nicht die Realität an sich, sondern nur die (gefilterte) persönliche Realität. Diese von uns so empfundene Realität drückt sich durch eine spezifische Frequenz aus, die wir aussenden, und diese Frequenz erzeugt mit Hilfe der Resonanz unsere äußeren Lebensumstände, die sich bevorzugt in unseren Wohnungsverhältnissen ausdrücken. Durch eine Veränderung in der Wohnung – zum Beispiel durch Entrümpeln – erfolgt daher gleichzeitig eine Veränderung im Inneren (Loslassen) nach dem Prinzip: „Wie Innen so Außen (und umgekehrt).

**Ein gutes Beispiel
für Symbolik ist der Löwe.**

Dieser Löwe bewacht die verbotene Stadt in Peking. Die verbotene Stadt heißt deshalb so, weil der Zutritt für das normale Volk verboten war und ausschließlich dem chinesischen Kaiserhaus als Wohnstätte diente. Wir können das Löwen-Symbol auch bei uns vor jedem Schloßeingang bewundern.

Löwe in der Verbotenen Stadt in Peking

*Löwenstiege Schloß Artstetten,
Österreich*

Wir sind umgeben von Symbolen:

Jedes Dorf hat ein eigenes Dorfwappen. Jedes Land, jeder Staat hat ein eigenes Symbol, das sich nicht nur durch die Flagge ausdrückt, sondern auch durch tiefergehende Symbole,

● vom Adler (der König der Lüfte, der auch bei Indianern und noch viel früher bei Schamanen immer wieder vorkommt),

Gotisches Adlersymbol

33

● bis zu unseren Glücksfiguren, die wir zu Silvester schenken, und die wiederum uralte astrologische Symbole darstellen. Zum Beispiel entspricht das Schweinchen dem Prinzip Jupiter und wird in unseren Breitengraden mit „Schwein gehabt" (= Glück gehabt) übersetzt.

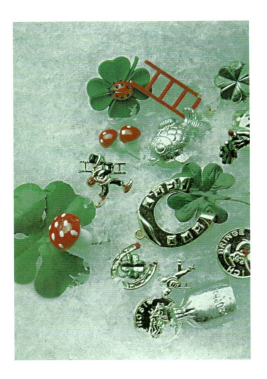

Im Feng-Shui „kuriert" man einen bestimmten Mangel in einem Lebensbereich mit der Anbringung eines bestimmten Symboles in einem bestimmten Bereich des Hauses und stellt so wiederum ein Gleichgewicht her. Man bezeichnet das als Ausgleich von Fehlenergien.

DIE IDEALE LAGE IM FENG-SHUI

Durch mehrere tausend Jahre Erfahrung hat sich die ideale Lage eines Hauses herauskristallisiert.

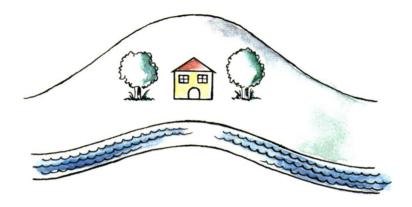

Die ideale Lage befindet sich an einem leicht geschwungenen Berghang, mittlere Hanglage, Rückenschutz durch den Berghang, seitlicher Schutz durch Bepflanzung, Blick auf die Ebene und auf Wasser. In unseren Breitengraden wird das auch als der Lehnstuhleffekt bezeichnet. Hier findet man hohes Chi, was sich immer auch in den leider sehr hohen Grundstückspreisen ausdrückt.

Wenn Ihr Haus sich nicht auf einem Grundstück befindet, das diese optimale Ausrichtung hat, ist das kein Grund zum Verzweifeln. Hier kann man bereits mit den ersten Feng-Shui-Maßnahmen eine wesentliche Verbesserung der Energiesituation erreichen.

Wichtig ist, daß man im Norden eine sogenannte Schutzzone schafft. Das könnte bedeuten, daß man hier Bäume pflanzt, die einen guten Schutz vor Wind und Wetter ergeben (im Feng-Shui heißt dieser Bereich „schwarze Schildkröte").

Rechts und links wäre ideal, wenn sich hier ebenfalls ein Schutz durch Sträucher oder nicht allzuhohe Bäume einplanen ließe (Feng-Shui-Bereich grüner Drache und weißer Tiger). Dies ist auch gut geeignet als eine gewisse Abschirmung gegenüber möglichen Nachbarn.

Und der Süden sollte möglichst frei sein, also keine hohen Bäume und Be-pflanzungen (Feng-Shui-Bereich roter Phönix). Es sollte der Blick möglichst auf Wasser fallen (Fluß, Bach, See), daher ist das auch der richtige Platz für ein Schwimmbad, Biotop, etc.

Meine Erfahrung hat gezeigt, daß der Süden – zumindest in unseren Breiten-graden – geistig eine besondere Lebensader darstellt, das heißt der Nachbar sollte nicht zu knapp im Süden an unser Haus grenzen, sonst führt das dazu, daß wir unbewußt dies als Bedrohung unserer Lebensenergie wahrnehmen.

Ein interessantes Beispiel dazu: Eine Familie bewohnt ein Haus auf einem Grundstück, das nach Süden hin sehr offen und sehr weit ist. Nachdem der Sohn eine eigene Familie gegründet hat, wird der Platz zu eng, und es wird ihm zum Hausbau jener Teil des Grundstückes zur Verfügung gestellt, der im Süden liegt. Nachdem der Rohbau fertiggestellt ist, kommt es zu einem fürch-terlichen Krach zwischen Eltern und Sohn, der immer mehr eskaliert und so stark wird, daß in der Zwischenzeit, wenn Vater und Sohn sich auf der Straße begegnen, sie sich nicht einmal mehr grüßen.

Natürlich sind die Auswirkungen Gott sei Dank nicht immer so stark wie in dem beschriebenen Fall aus der Praxis. Jedoch konnte ich fast immer feststellen, daß dann, wenn der Süden zu stark verbaut ist, also keine freie Fläche zur Ver-fügung steht, es tatsächlich zu Beeinträchtigungen des Lebensgefühls in dem entsprechenden Haus kommt.

Die mittlere Hanglage in Hongkong ist heute bereits unbezahlbar, aber auch viele Grundstücke an bekannten Seen in Europa haben ein schwindelerregen-des Preisgefüge.

Ohne Feng-Shui zu kennen, haben schon immer Menschen, die bereits viel Chi haben, – Geld ist auch eine Form von Energie –, sich in Gegenden niederge-lassen, in denen von vornherein erhöhtes Chi herrscht, um ihr bereits erwor-benes Energieniveau besser halten zu können. Selbstverständlich erfolgt dieser Vorgang völlig unbewußt, indem man einfach findet, daß die Lage in einem bestimmten Gebiet ganz besonders geeignet ist.

Besonders aufgefallen ist mir diese Tatsache vor einiger Zeit in einer kleinen Stadt, anläßlich einer Feng-Shui-Beratung bei einem Industriellen, der hier seine Fabrik hatte. Die Lage seiner Villa ist ein klassisches Beispiel für die oben genannte Feng-Shui-Regel für erhöhtes Chi, also mittlere Hanglage, der Süden frei mit Blick auf Wasser.

Neugierig geworden fragte ich, wer denn die Nachbarn seien. Es waren mehrere Unternehmer darunter, zwei Primarärzte, ein Rechtsanwalt, also die Honoratoren dieses Ortes hatten sich alle am gleichen Hang angesiedelt.

Einige Monate später war ich in Vancouver/Kanada, bei einem chinesischen Industriellen eingeladen, der einen Teil seines weitverzweigten Imperiums von Hongkong nach Kanada verlegt hatte. Die große Villa lag, wie sollte es anders sein, in mittlerer Hanglage mit Blick auf die Bucht von Vancouver.

DIE BOTSCHAFT INS UNTERBEWUSSTSEIN

Die Symbolik nimmt einen sehr breiten Raum im Feng-Shui ein. Wir nehmen mit Hilfe unserer Sinnesorgane im Laufe eines Tages hunderttausende Informationen auf. Diese Überfülle wird gar nicht mehr in unserem Gehirn verarbeitet, sondern geht sofort in unser Unterbewußtsein. Das heißt viele Dinge, die wir völlig unbewußt wahrnehmen, wie z.B. die Farben unserer Wohnung, Interieur unseres Autos, Formen und Farben unseres Büros/unserer Arbeitsstätte, die Formen und Farben der Stadt in der wir wohnen, etc., das alles beeinflußt uns im Laufe eines Tages ununterbrochen.

Das gleiche Prinzip wirkt auch – wenn wir eine Firma/ein Geschäft haben – auf jeden unserer Kunden. Wie ist denn zum Beispiel die Eingangstüre gestaltet, der Eingangsbereich? Drückt das Firmenschild tatsächlich die Identität des Unternehmens aus? Wie sieht denn die Hausfassade aus? Wie wird der Kunde empfangen? Wie sieht das Besprechungszimmer aus? Wie sieht das Geschäftslokal aus? Oder bei Lokalen: in welchem Ambiente fühlt sich der Besucher wohl?

Machen Sie die Probe aufs Exempel: Betrachten Sie fünf Minuten lang das Bild einer bunten Wiese und fragen Sie sich, welches Gefühl in Ihnen hochsteigt.

Dann machen Sie das gleiche Experiment mit einem Bild, das Traurigkeit vermittelt, und achten Sie wieder auf Ihre Gefühle.

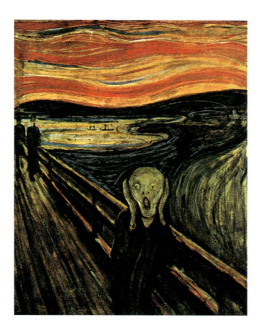

Wenn ich mir so manche Bürolandschaften ansehe, dann muß ich feststellen, daß diese einfachen Zusammenhänge sehr vielen Firmeninhabern überhaupt nicht bewußt sind. Welche Stimmung kann in einem Büro aufkommen, in dem die Schreibtische grau sind, die Schränke grau sind, der Boden grau ist, die Wände weiß sind, und vor lauter „Coolness" keine bunten Bilder und fast keine Pflanzen verwendet werden dürfen.
Und dann stellen Sie sich dieses ganze Szenario auch noch an einem grauen Novembertag vor … Glauben Sie, daß hier viel Arbeitsfreude und Kreativität herrschen wird?

Womöglich sitzen an diesen grauen Tischen, in dieser grauen Umgebung, Menschen in grauen Anzügen, mit grauen Haaren. Und die sollen eine bunte Vielfalt kreieren!?

FENG-SHUI UND WASSER

Die Übersetzung von Feng-Shui – Wind und Wasser – deutet bereits darauf hin, daß diese beiden Elemente nicht nur unser Klima bilden, sondern auch über die Jahrhunderte die Landschaft gestalten.

Ganz besondere Bedeutung kommt dem Wasser zu: nicht umsonst heißt unser Planet der blaue Planet. Aufnahmen aus dem Weltall zeigen in ergreifender Weise dieses wunderbare Blau unseres Heimatplaneten, das überwiegend vom Wasser verursacht wird.

Alle Lebewesen haben sich im Zuge der Evolution aus dem Wasser heraus entwickelt, auch wir Menschen. Die Erde besteht zu 75 % aus Wasser, unser Körper besteht ebenfalls zu zwei Drittel aus Wasser, und unser Gehirn besteht zu 90 % aus Wasser. Daraus kann man ersehen, welche enorme Bedeutung das Wasser für uns hat.

Feng-Shui berücksichtigt diese enorme Bedeutung, und daher wird Wasser sehr oft symbolisch verwendet. In Fernost gibt es keine Bank, keine Versicherung, kein öffentliches Gebäude, ja auch kein Warenhaus, bei dem nicht symbolisch Wasser verwendet wird, sehr oft in Form eines Wasserfalles vor dem Lokal oder im Inneren eines Gebäudes, aber auch als Springbrunnen oder als Quellstein.

Erfolgreiche fernöstliche Shoppingcenter sind sehr oft in Atrium-Bauweise gebaut, das heißt außen die Geschäfte, innen ein Innenhof, der gleichzeitig einen zentralen Punkt darstellt. Und in diesem Innenhof wird ein Wasserfall als Symbol für das Fließen des Lebens verwendet.

Auch im Westen wird die Tatsache, daß sich an einem Wasserfall besonders starkes Chi aufbaut, immer mehr bewußt und anerkannt. Jeder spürt die wohltuende Wirkung bereits nach kurzem Aufenthalt an einem Wasserfall. Man fühlt sich körperlich und geistig erfrischt, trübe Stimmungen sind verflogen, und man hat wieder Kraft getankt.

Diese Tatsache kann man auch zu Hause nutzen, indem man dort, wo wenig Energie ist, das Bild von einem Wasserfall anbringt. Auch hier verbessert sich die Energiesituation ganz beträchtlich.

Der Blick auf Wasser und grüne Pflanzen bedeutet symbolisch der Blick auf das Fließen des Lebens und Gesundheit und hat einen sehr wohltuenden Effekt.

Nicht umsonst empfiehlt eine berühmte Klinik in Amerika Krebspatienten nach einer Chemotherapie täglich eine Viertelstunde vor einem Wasserfallbild zu meditieren. Das bringt einen erheblichen Energiegewinn, das stärkt und kräftigt Geist und Körper, und trägt somit zum Selbstheilungsprozeß bei.

KEIN IDEALER STANDORT

pfeilartiges Chi auf ein Haus zu

Vor einiger Zeit ergab sich folgende Situation: Ein Handelsbetrieb brauchte dringend neue Räume, und er übersiedelte in ein Haus laut oben angeführter Skizze. Nach dieser Übersiedlung waren die Geschäfte plötzlich wie tot, kaum ein Kunde, kaum ein Lieferant, auch sonst niemand rührte sich. Der verzweifelte Geschäftsinhaber ließ sogar sein Telefon überprüfen, weil er sich einfach nicht vorstellen konnte, daß plötzlich alles so ruhig geworden war – wie abgeschnitten.

Ein guter Freund riet ihm, Feng-Shui zu Hilfe zu nehmen, und daher meldete er sich telefonisch bei mir. Ich kam mit dem Auto und fuhr entlang der Straße, die genau auf das Haus zuführte. Diese Straße ist sehr stark befahren, und dadurch baut sich hier zu starke Energie auf, – im Feng-Shui heißt das „tötendes Chi". Für Geschäfte bedeutet das ein sehr negatives Vorzeichen.

Meine erste Frage lautete. „Wieso sind die Vorgänger aus diesem Gebäude ausgezogen?" – Die Antwort: „Wegen eines Konkurses."

Es waren hier sehr viele Feng-Shui-Maßnahmen notwendig, um dieses Geschäftslokal zu „stabilisieren". Der Besitzer in diesem Geschäft macht zwar nun so wie früher seine Geschäfte, trotzdem ist es so, daß es sich hier um eine sogenannte „Büffel-Lage" handelt, das bedeutet, in so einem Haus muß man arbeiten wie ein Büffel, um einigermaßen über die Runden zu kommen. Diese Lage verspricht niemals schnelles Wachstum oder schnellen Reichtum.

DIE FRAGE NACH DEN VORBEWOHNERN

Im Feng-Shui ist die Frage nach dem Schicksal der Vorbewohner ganz besonders wichtig, weil man dadurch erkennen kann, welche Energien sich in einem Haus aufgebaut haben.

Es ist immer wieder erstaunlich, wie modern diese mehrere tausend Jahre alte Weisheitslehre ist. Albert Einstein hat mit seiner Relativitätstheorie hier einen wesentlichen Grundstein gelegt, Rupert Sheldrake hat sich mit dem Phänomen der morphogenetischen Felder ausführlich auseinandergesetzt. Ich versuche hier diese äußerst komplexe Materie mit einigen wenigen Sätzen zu erklären:

Wir gehen von der Tatsache aus, daß das ganze Universum aus Energie besteht, beginnend von der sogenannten Nullpunkt-Energie. Über Tachyonenfelder (Informationsfelder) verdichtet sich diese Energie immer weiter zur Materie (unsere Welt, unser Körper, etc), wobei diese Materie aber nur scheinbar existiert, – in Wahrheit besteht auch sie ausschließlich aus Energie. Die Inder nennen diese Tatsache „Maja" = Täuschung.

Jeder Gedanke, den ein Mensch denkt, ist eine Form von Energie, die bestehen bleibt. Das bedeutet: an einem Ort, an dem Negatives gedacht und getan wurde, bleibt auf der geistigen Ebene diese Energie sozusagen haften. Und jemand, der in ein Haus einzieht, in dem durch die Vorgänger negative Energien gebildet wurden, befindet sich plötzlich im Austausch mit diesen Energien und wird daher durch die Energien der „Vorgänger" beeinflußt – schlimmstenfalls tritt er in Resonanz mit diesen Energien.

Deshalb ist es **nicht** egal, wer vorher in einem Haus gelebt/gearbeitet hat. Das beste Vorzeichen für ein Geschäftshaus ist zum Beispiel, wenn die Vorbesitzer deswegen ausgezogen sind, weil die Geschäfte so gut gegangen sind, daß sie ein größeres Objekt gesucht haben.

Ich weiß, daß diese Tatsache für moderne Menschen mitunter schwierig zu verstehen ist. Moderne Forschungen sagen, daß jede Spezies (Menschen, Tiere, Pflanzen) untereinander durch ein Informationsfeld verbunden ist.

Es gibt in der Zwischenzeit wissenschaftliche Experimente zu diesem höchst erstaunlichen Phänomen. Eines davon möchte ich zum besseren Verständnis hier anführen:

Im Jahre 1920 wurde in Cambridge/Massachusetts von William Mc Dougall ein Experiment mit Ratten durchgeführt. Ratten wurden trainiert, durch ein Wasserlabyrinth zum Ausgang zu finden. Nach mehreren Rattengenerationen stellte sich heraus, daß diese Tiere gelernt haben, diese Aufgabe zehnmal schneller zu lösen als die erste Generation. Das heißt, das Lernniveau wurde von Generation zu Generation gespeichert und an die nächste weitergegeben.

Das gleiche Experiment wurde in Australien wiederholt. Bereits die erste Generation der australischen Ratten erreichte auf Anhieb das gleiche Niveau wie die letzte amerikanische Rattengeneration. Diese Erkenntnis ist unglaublich aber wahr, und bedeutet: sämtliche Ratten (jede Spezies dieser Erde) sind mit einem neuronalen (morphogenetischen) Feld verbunden, und es erfolgt eine Entwicklung der Spezies ohne jede räumliche Beschränkung!

Es gibt eine Reihe von ähnlichen Experimenten, die verblüffender Weise immer dieses morphogenetische Feld bestätigen.

AUSGEWOGENHEIT AM GRUNDSTÜCK

Das Prinzip von Yin und Yang am Grundstück bedeutet, ein Augenmerk auf die Ausgewogenheit zu richten. Stellen Sie sich Ihr Grundstück auf einer Waage vor. Ausgewogen wäre Ihr Grundstück dann, wenn sich Ihr Haus genau in der Mitte des Grundstückes befände.

Aufgrund der Bebauungspläne und der bürokratischen Gegebenheiten sieht ein Grundstück bei uns sehr oft so aus wie in der nachfolgenden Skizze.

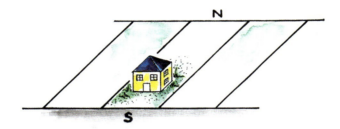

längliches Grundstück, Gebäude an der Straße

Wenn wir uns diese Gegebenheiten auf einer Waage vorstellen, dann ist ersichtlich, daß hier aufgrund der Gebäudemaße die Waage zugunsten des Hauses nach unten kippt.

Im Sinne der Ausgewogenheit ist dadurch klar, daß auf der Gegenseite des Grundstückes Gegenmaßnahmen zu setzen sind – in diesem Falle zum Beispiel durch Bäume.

Die ideale Lage des Gebäudes befindet sich in der Mitte des Grundstückes. In diesem Fall wäre nicht nur das Grundstück ausgewogen, sondern auch der wichtige Bereich Süden hier frei zur Verfügung. Noch besser wäre in diesem freien Teil des Südens ein Biotop zu errichten, das heißt Blick auf Wasser.

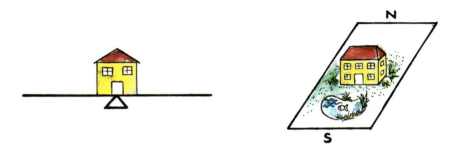

Es sollte auch darauf geachtet werden, daß das Chi eines Grundstückes nicht verlorengeht, daher wird bei einer Hanglage empfohlen, am Ende des Grundstückes Bäume zu pflanzen, um das Chi zu halten.

Im fernen Osten geht man hier noch wesentlich weiter und setzt einen Lichtmast ans Ende des Grundstückes. (Licht ist Energie). Dieser Lichtmast ist auf das Haus gerichtet und „pumpt" die Energie wieder zurück auf das Haus. Damit kann eine entsprechende Energieverstärkung erreicht werden.

HARMONIE BEI GRUNDSTÜCK UND HAUS

Ausgleich von unharmonischen Grundstücksformen:

Die Grundstücksformen sollten ausgewogen sein, und das bedeutet quadratischer, rechteckiger oder runder Grundriß (siehe Seite 83).

Ein Ausgleich bei einem unregelmäßigen Grundriß kann erfolgen

● durch Bepflanzung

● oder durch Mittelpunkt-Gestaltung

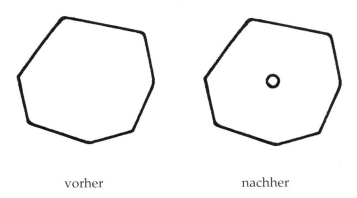

vorher   nachher

Ausgleich von unharmonischen Hausgrundrissen:

a) Der Ausgleich von unharmonischen Hausgrundrissen (wie L-Form) erfolgt **im Außen** durch Maßnahmen wie:

● Bepflanzung

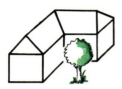

Baum

● Beleuchtung

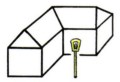

Leuchte

● bauliche Maßnahmen

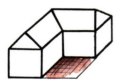

Terrasse

b) Der Ausgleich von unharmonischen Hausgrundrissen (wie L-Form) erfolgt **im Innen** durch Maßnahmen wie:

● Verwendung von Spiegeln.
An der einen oder anderen Wand des Fehlbereiches angebrachte Spiegel spiegeln symbolisch die Wände an die gedachte Ideal-Linie.

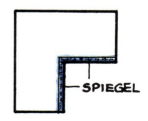

WICHTIG FÜR DIE GARTENGESTALTUNG

Wege sollten niemals gerade sein, sondern geschwungen, so wie sie auch in der Natur vorkommen. Gerade Wege bauen Sha (tötendes Chi) auf.

Es gibt in der gesamten Natur nirgendwo auch nur einen Zentimeter, der absolut gerade verläuft. Auch an unserem Körper können wir niemals auch nur einen Zentimeter feststellen, der gerade wäre. Nur wir Menschen konstruieren mit Hilfe des Reißbrettes oder des Computers eine Gerade, die es in der Natur tatsächlich nirgendwo gibt!

Feng-Shui ist aus der Beobachtung des Ist-Zustandes in der Natur entstanden und beruht auf den Grundprinzipien der Natur, daher sind geschwungene Wege für die Gartengestaltung ganz besonders wichtig.

Denken Sie an die vor Jahrzehnten üblichen Flußregulierungen. Was hat man gemacht? Man hat mit Milliardenaufwand Bäche und Flüsse, die einen natürlich geschwungenen Lauf hatten, künstlich begradigt. Mit dem Endergebnis, daß die Wasserqualität sich drastisch verschlechtert hat.

Nun hat man das Gott sei Dank erkannt und baut, wo es nur geht, wiederum mit Milliardenaufwand die natürlichen Flußläufe zurück. Dort, wo das gelungen ist, kann man feststellen, daß sich die Wasserqualität dadurch wesentlich verbessert.

Falls Sie einen Gemüsegarten haben, können Sie die Harmonie dieses Gartens verbessern, indem Sie einen **Mittelpunkt** schaffen, der rund sein sollte (als Gegensatz zu rechteckigen Beeten) und somit den ganzen Garten zentriert. Als Mittelpunkt eignet sich entweder ein schöner Baum oder ein kleines Zierbäumchen, oder auch ein Springbrunnen, oder eine Bank, die zum Ausruhen einlädt. Der Phantasie sind hier keine Grenzen gesetzt.

Versuchen Sie auch bei Zufahrten und sonstigen Bepflasterungen Schwünge einzubauen. Sie werden sehen, es lohnt sich. Jeder einzelne Schwung wird von Ihrem Unterbewußtsein als harmonisch empfunden und hilft Ihnen dadurch beim Aufbauen von Energie.

DIE 5 ELEMENTE

Die Wandlungsphasen

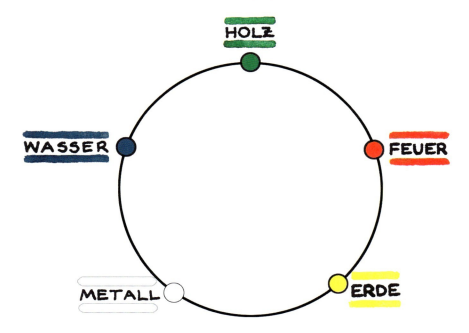

Panta rhei (= alles fließt), der berühmte Ausspruch des griechischen Philosophen Heraklit (544 – 483 v. Chr.)

Die stabile Welt, an die wir uns klammern, ist totale Illusion. Die Welt besteht ununterbrochen aus Entstehen und Vergehen, einem ständigen Wandel.

Als Symbol dafür haben die Chinesen fünf Elemente gewählt. Um das richtig verstehen zu können, dürfen wir uns nicht an die Bezeichnung der Elemente klammern, sondern müssen verstehen, was das dahinterstehende Prinzip ist, nämlich daß die Elementelehre die **Wandlungsphasen des Lebens** ausdrücken möchte.

So stellen die Elemente z.B. den jahreszeitlichen Ablauf dar:

Holz symbolisiert den Frühling, das aufkeimende Leben, die aufgehende Sonne im Osten.

Feuer symbolisiert den Frühsommer, das nunmehr rasche Pflanzenwachstum, das Aufstrebende.

Erde den Spätsommer, das ruhige Reifen, auch die Mitte des Lebens.

Metall symbolisiert den Herbst.

Wasser symbolisiert den Winter.

Sind die Elemente im Gleichgewicht, so wird das als harmonisch empfunden. Die Aufeinanderfolge der Elemente im Uhrzeigersinn bedeutet den Aufbau von Harmonie. Also Holz unterstützt Feuer, Feuer die Erde, Erde das Metall, Metall das Wasser, und Wasser das Holz.

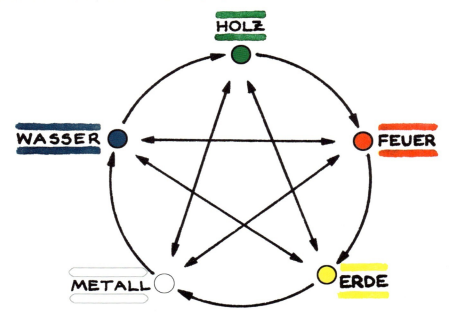

Elemente im Uhrzeigersinn erzeugen Harmonie
Elemente in gegenüberliegender Position erzeugen Spannung

Vereinfacht ausgedrückt: das Element vorher **unterstützt** das Element nachher. Holz unterstützt Feuer, Feuer unterstützt Erde, usw.

Das übernächste Element wird **kontrolliert,** das heißt Holz kontrolliert Erde, Feuer kontrolliert Metall, Erde kontrolliert Wasser, Metall kontrolliert Holz, Wasser kontrolliert Feuer. Das heißt, es kommt zwischen diesen beiden Elementen zu einem Spannungszustand, der gleichzeitig eine Patt-Stellung ausdrückt.

Der Aufbau von Harmonie in der Wohnung und im Haus erfolgt im Uhrzeigersinn der Elemente-Reihenfolge.

Ein Beispiel: Ein brauner Boden wird dem Element Erde zugeordnet. Eine dazupassende harmonische Folge der Wände bedeutet die Farbe weiß (Element Metall). Der Raum bekommt aber erst den richtigen Pepp, wenn die Decke als drittes Element in einem pastelligen Blauton (Element Wasser) gestrichen wird. Somit ergibt sich die Aufeinanderfolge von drei Elementen – Erde – Metall – Wasser – im Uhrzeigersinn, und das heißt Aufbau von Harmonie.

Nachdem dem Aufbau von Harmonie im Feng-Shui eine sehr wesentliche Bedeutung zukommt, wird diese Elementelehre natürlich auch für die Auswahl der Fassadenfarbe für ein Wohnhaus oder auch für die Auswahl der Wandfarben für ein Geschäftslokal verwendet.

MIT DER UMGEBUNG IN HARMONIE LEBEN

Hier müssen wir Europäer gründlich umdenken, denn der Elementezyklus beginnt hier bei der Umgebung, der Nachbarschaft. Unsere typische westliche Mentalität „wir sind wir", was interessieren mich die Nachbarn, hat mit ganzheitlicher Harmonie nichts zu tun.

Symbolisch bedeutet das die Bemühung, mit der Umgebung in Harmonie zu leben. Die langfristige Wirkung besteht darin, daß die Umgebung an das Haus und seine Bewohner Energie abgibt, was sich besonders positiv auswirkt. Das Interessante ist, alle Besucher, auch die, die von Feng-Shui noch nichts gehört haben, empfinden ein Haus, das auf die Umgebung abgestimmt ist, als besonders harmonisch.

Das Gleiche gilt natürlich auch für Nachbarhäuser. Wenn Sie z.B. in einem Haus wohnen mit dem Element Holz (Farbe grün) oder in einem Holzhaus, Ihr Nachbar in einem Haus mit dem Element Metall (Farbe weiß) oder in einem Kuppelbau, dann ergibt sich daraus ein Spannungsverhältnis. Dieses kann gemildert werden, wenn ein neuer Nachbar in unmittelbarer Nähe ein Haus baut, das mit der Farbe blau versehen ist (Element Wasser). Was vorher Spannung war (zwischen Element Holz und Metall), ergibt durch die Hinzufügung eines dritten Elementes in harmonischer Reihenfolge – in diesem Fall Wasser – eine entsprechende Harmonie.

Bei Feng-Shui-Maßnahmen beginnt man also immer bei der Umgebung und Nachbarschaft, und versucht mit dieser in Harmonie zu treten.

Dazu ist es erforderlich, die Feng-Shui-Symbolsprache zu kennen: Betrachten Sie Ihre Umgebung und stellen Sie fest, welches Element in Ihrer Umgebung überwiegt.

Zuordnung der Gebäudeformen
nach den 5 Elementen:

Abb. 1 stellt ein Gebäude dar, das symbolisch dem Element Wasser entspricht.

Abb. 2 stellt ein Gebäude dar, das symbolisch dem Element Holz entspricht.

Abb. 3 stellt ein Gebäude dar, das symbolisch dem Element Feuer entspricht.

Abb. 4 stellt ein Gebäude dar, das symbolisch dem Element Erde entspricht.

Abb. 5 stellt ein Gebäude dar, das symbolisch dem Element Metall entspricht.

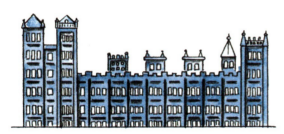

Abb. 1

Abb. 2

Abb. 3

Abb. 4

Abb. 5

Bei einem Privathaus ist es wichtig, daß die Bewohner mit ihrer Umgebung in Harmonie leben, daher hat die harmonische Gestaltung der Fassade einen besonderen Stellenwert.

Bei Geschäftslokalen kann es aber durchaus sein, daß bei der Fassadengestaltung Spannung überwiegen sollte, um den Aufmerksamkeitswert zu verstärken.

Ein typisches Beispiel für höchste Spannung ist die Gestaltung des neuen Louvre in Paris.

Das alte Gebäude des Louvre stellt ein typisches Wassergebäude dar. Der japanische Architekt, der die Glaspyramide entworfen hat, wußte über die Feng-Shui-Symbolik Bescheid und hat neben dieses Wasserelement die Glaspyramide gesetzt, die ein deutliches Feuerelement darstellt.

Die Dramatik wird noch einmal verdoppelt, weil diese Pyramide zusätzlich von Wasser umgeben ist und das Material Glas, das hier verwendet wird, auch noch dem Element Wasser zugeordnet wird. Das bedeutet, in einer Umgebung, die symbolisch total dem Element Wasser entspricht, wurde ein deutliches Symbol von Feuer gesetzt. Das ist das Konzept einer sehr dramatischen Inszenierung.

Das Interessante dabei ist, daß Gebäude, die so konstruiert wurden, immer umstritten sind (Spannung!), jedoch aufgrund dieser immensen Spannung sehr schnell weltweit bekannt werden und Millionen Besucher anziehen.

HARMONIE UND ENERGIE BEI WOHNHÄUSERN

Im Gegensatz zur vorhin erwähnten Spannung bei Geschäftslokalen gilt für Wohnhäuser auf jeden Fall das Gegenteil, und das heißt, es ist notwendig, die Umgebung harmonisch zu berücksichtigen. Unsere Umgebung sollte dazu beitragen, daß wir in Harmonie mit ihr leben können.

Besteht Ihre Umgebung aus dem Element Wasser, so ist es für Ihre eigene Wohnung wichtig, das Element Holz einzubringen (Wasser unterstützt Holz), durch die Farbe grün, viele Pflanzen, Holzmöbel, etc.

Besteht Ihre Umgebung aus dem Element Holz (Holz unterstützt Feuer), so ist es wichtig, in Ihren eigenen vier Wänden das Element Feuer einzubringen. Das bedeutet die Farbe rot oder Gegenstände, die dreieckig sind. Räucherwerk und Kerzen zählen ebenfalls zur Symbolik Feuer.

Entspricht Ihre Umgebung dem Element Feuer (Feuer unterstützt Erde), dann ist es wichtig, in Ihren eigenen vier Wänden das Element Erde einzubringen. Dem Element Erde entsprechen quadratische Formen, die Farbe gelb, das Material Lehm, Terracottatöpfe, Terracottaboden, etc.

Entspricht Ihre Umgebung dem Element Erde (Erde unterstützt Metall), so ist es wichtig, in Ihren Räumlichkeiten das Element Metall einzubringen. Dem Element Metall entsprechen: Kuppelform, runde Formen (z.B. runde Fenster), die Farbe weiß, Ziergegenstände aus Schmiedeeisen, Schmuck aus Gold und Silber, etc.

Entspricht Ihre Umgebung dem Element Metall (Metall unterstützt Wasser), dann ist es wichtig, in Ihren eigenen vier Wänden Wasserelemente einzubringen, beispielsweise ein Aquarium oder auch in den Räumlichkeiten verteilt einige Schalen mit Wasser, die Farbe blau, etc.

Da das vorhergehende Element das nächste fördert, bedeutet das bei dieser Vorgangsweise, daß unsere Umgebung nicht nur harmonisch zu uns steht, sondern, daß unsere Umgebung uns ganz besonders unterstützt.

Beispiele für Fassadengestaltung nach den 5 Elementen

Wie bereits erwähnt ist es wichtig, daß man bei der Fassadengestaltung sowohl auf die Landschaft Rücksicht nimmt (welches Element überwiegt hier?) als auch auf die Nachbarhäuser (welche Farben sind hier vorherrschend?).

Je mehr Elemente in harmonischer Reihenfolge verwendet werden, umso harmonischer ist der Gesamteindruck des Hauses.

Beispiel: Die Umgebung entspricht dem Element Erde.
Hier gibt es 2 Varianten:

1. Variante: Man schließt an dieses Element an, und das bedeutet die Hausfassade ist ebenfalls im Element Erde (= gelb). Türen und Fenster sind in der Farbe weiß (Element Metall). Ideale Farbe für das Dach ist blau (Element Wasser) oder dunkelgrau, schwarz.

2. Variante: Umgebungselement Erde wird gefolgt von Fassadenelement Metall (weiß), Türen und Fenster in blau (Element Wasser), und Dach in grün (Element Holz).

1. Variante   2. Variante

Lassen Sie sich von den im ersten Augenblick etwas ungewöhnlichen Farbkombinationen nicht abschrecken. Die Erfahrung hat gezeigt, daß diese Farben, wenn sie in Pastelltönen verwendet werden, wunderschön sind. Es ist wichtig, sich manchmal von vorhandenen Klischees zu befreien.

In meinen jahrelangen Beratungen habe ich noch keinen einzigen Fall erlebt, daß ein nach Feng-Shui-Kriterien gestaltetes Haus als häßlich, unschön oder unharmonisch bezeichnet worden wäre, sondern immer das Gegenteil!

Vor kurzem besuchte ein Baumeister bei mir einen Feng-Shui-Kurs. Er erzählte, daß er deswegen auf das Thema Feng-Shui gekommen sei, weil er aufgrund seiner beruflichen Tätigkeit immer öfter auf Gebäude aufmerksam wurde, die durch besondere Harmonie gekennzeichnet waren. Auf Anfrage erhielt er immer wieder die gleiche Antwort: Feng-Shui!

Bei der Fassadengestaltung sollten zumindest drei Elemente in aufsteigender Reihenfolge berücksichtigt werden, z.B.: Umgebung/Fassade/Dach (= grobe Einteilung).

Noch besser wäre ein viertes Element, z.B.: Umgebung/Fassade/Fenster und Türen/Dach, oder alle fünf Elemente in die Gestaltung miteinzubeziehen (= feine Einteilung). In diesem Fall ist es nicht notwendig, eine Reihenfolge einzuhalten.

MUT ZUR FARBE

Jede Farbe hat eine andere Schwingung, daher sind Farben wichtige Elemente zur Verstärkung oder Abschwächung von Schwingungen. Im Feng-Shui werden daher Farben sehr gezielt eingesetzt.

Ich werde in Rundfunk- und Fernseh-Interviews immer wieder gefragt: „Bedeutet denn der Einsatz von Feng-Shui nicht, ein Farbenkästchen in meinen Wohnräumen zu produzieren?" Meine Antwort ist eindeutig Nein!

Gerade in unseren westlichen Breitengraden überwiegen in der Natur einen Großteil des Jahres die dunklen Farben, braun und grau, ab Herbst bis Frühjahr. Was wir dringend benötigen, sind die Schwingungen von Licht und Aktivität als Gegenstücke dazu. Und das bedeutet möglichst viele Farben, und vielleicht auch möglichst kräftige Farben.

Ich persönlich arbeite ausschließlich, sowohl bei Fassaden als auch bei der Innengestaltung, mit Pastellfarben und kann mir auch in meinen eigenen vier Wänden ein Zuviel an Farben gar nicht mehr vorstellen.

Viele Seminarteilnehmer bestätigen mir, daß sie sich nach einem Feng-Shui Seminar trauen, mehr Farbe in ihre Wohnungen einzubringen (in unseren Breitengraden dominierten seit den 60-er Jahren die beige-braun-Töne), und daß sich das sehr positiv auf das Zusammenleben und auf die Gesundheit der Bewohner auswirkt.

Die gesundheitlichen Auswirkungen der Farben beruhen darauf, daß eine Farbe in einer bestimmen Schwingungsfrequenz schwingt. Jedes Organ unseres Körpers weist ebenfalls eine bestimmte Schwingungsfrequenz auf.

Falls man eine Aversion gegen bestimmte Farben hat und diese nie verwendet, kann es durch diesen Mangel an Schwingung im Laufe von Jahren oder Jahrzehnten zu einem Mangel an der bewußten Schwingung im Körper kommen, und dies kann dazu führen, daß das entsprechende Organ im Körper geschwächt oder krank wird.

Daher meine Erfahrung aus der Praxis: man kann gar nicht genug Farben verwenden!

DAS PERSÖNLICHE ELEMENT

Um festzustellen, welchem persönlichen Element Sie nach Ihrem Geburtsdatum zugeordnet sind, nehmen Sie als Ausgangsbasis die letzten beiden Ziffern Ihres Geburtsjahres (z.B. 48 für 1948)

Sollten Sie vor dem 4. oder 5. Februar geboren sein, fällt Ihr Geburtsdatum nach chinesischem Kalender ins vorherige Jahr, d.h. Sie reduzieren Ihr Geburtsjahr um 1.

Wenn Sie genau am 4. oder 5. Februar geboren sind, schauen Sie auf der Tabelle nach, in welches Geburtsjahr Sie fallen.

Berechnung für Männer:

Beispiel: geb. 23.1.1950
Das Geburtsdatum liegt vor dem 4. Februar, daher wird das Geburtsdatum
um 1 reduziert: 1950 – 1 = 1949
Bilden Sie die Quersumme von 49 – so lange, bis Sie als Summe eine einstellige Ziffer erhalten.
49 = 4 + 9 = 13 = 1 + 3 = 4

Diese Ziffer wird von der **Konstanten 10** abgezogen.
10 – 4 = 6 (= Kua-Zahl)

Dieser Mann hat die Kua-Zahl 6 (= Zahl des persönlichen Elementes).

Berechnung für Frauen:

Beispiel: geb. 25.10.1948
Bilden Sie von 48 die Quersumme
48 = 4 + 8 = 12 = 1 + 2 = 3

Zu dieser Summe zählen Sie die **Konstante 5** dazu.
3 + 5 = 8 (Kua-Zahl)

Diese Frau hat die Kua-Zahl 8 (= Zahl des persönlichen Elementes).

Achtung:

Die Kua-Zahl 5 wird beim Mann durch die Kua-Zahl 8 ersetzt.
Die Kua-Zahl 5 wird bei der Frau durch die Kua-Zahl 2 ersetzt.

Bei Personen, die ab dem Jahr 2000 geboren sind, gelten neue Konstanten: bei Frauen 6, bei Männern 9.

Die Zahl des persönlichen Elementes (Kua-Zahl):

Die Kua-Zahl 1 entspricht dem Element Wasser,
die Kua-Zahl 2 dem Element Erde,
die Kua-Zahl 3 dem Element Holz,
die Kua-Zahl 4 dem Element Holz,
die Kua-Zahl 6 dem Element Metall,
die Kua-Zahl 7 dem Element Metall
die Kua-Zahl 8 dem Element Erde.
die Kua-Zahl 9 dem Element Feuer.

Es ergeben sich vier förderliche Himmelsrichtungen für jede Kua-Zahl:

Kua-Zahl 1 Südosten, Osten, Süden, Norden
Kua-Zahl 2 Nordosten, Westen, Nordwesten, Südwesten
Kua-Zahl 3 Süden, Norden, Südosten, Osten
Kua-Zahl 4 Norden, Süden, Osten, Südosten,
Kua-Zahl 6 Westen, Nordosten, Südwesten, Nordwesten
Kua-Zahl 7 Nordwesten, Südwesten, Nordosten, Westen
Kua-Zahl 8 Südwesten, Nordwesten, Westen, Nordosten
Kua-Zahl 9 Osten, Südosten, Norden, Süden

Die vier ungünstigen Richtungen:

Kua-Zahl 1: Nordwesten, Nordosten, Südwesten, Westen
Kua-Zahl 2: Norden, Osten, Südosten, Süden
Kua-Zahl 3: Nordosten, Südwesten, Westen. Nordwesten
Kua-Zahl 4: Nordosten, Südwesten, Westen, Nordwesten
Kua-Zahl 6: Osten, Südosten, Süden, Norden
Kua-Zahl 7: Norden, Osten, Südosten, Süden
Kua-Zahl 8: Norden, Osten, Südosten, Süden
Kua-Zahl 9: Nordosten, Südwesten, Westen, Nordwesten

Geburtsjahre nach chinesischem Mondkalender

Das chinesische Jahr beginnt mit dem traditionellen Frühlingsfest, das ist am 4. oder 5. Februar. Geht Ihr Geburtstag bis zum 4. Februar, sind Sie nach chinesischer Rechnung noch im Vorjahr geboren.

In der nachfolgenden Tabelle sind alle Jahre angeführt, in denen der 5. Februar der Jahresbeginn ist. Alle übrigen Jahre beginnen mit dem 4. Februar.

1902	1931
1903	1932
1904	1935
1906	1936
1907	1939
1908	1940
1910	1943
1911	1944
1912	1948
1915	1952
1916	1956
1919	1960
1920	1964
1923	1968
1924	1972
1927	1976
1928	1980

Der Holztyp:

Holz entspricht der Symbolkette Frühling, grüne Pflanzen, Sonnenaufgang. Die Energie des Frühlings breitet sich stark vor allem nach oben aus und ist sehr dynamisch, daher ist das Kennzeichen der Holztypen Aktivität.

Wie die Pflanzen im Frühling braucht der Holztyp Energie zum Entfalten. Zur Natur der Aktivität gehört gleichzeitig die Aggression. Wenn Holz-Energien aufgestaut werden, sind Ärger, Wut und Zorn die typischen Holz-Emotionen. Wenn diese Emotionen nicht nach außen gerichtet sein können, dann richten sie sich nach innen. Die Folge können verschiedene Suchtverhalten sein (Alkohol, Workoholic).

Dem Holz zugeordnete Organe sind daher auch Leber und Galle – Was ist dir denn über die Leber gelaufen? Er spuckt Gift und Galle!

Zugeordnete Farbe = grün, unterstützende Farbe = blau.

Der Feuertyp:

Feuer entspricht dem Frühsommer, der Hitze, der Mittagszeit.
Dem Feuer zugeordnete Organe sind Herz und Dickdarm.

Feuertypen sind gerne mit anderen zusammen und bemühen sich, Beziehungen aufzubauen und zu gestalten. Hohe Intuition und große Leidenschaft zeichnen diesen Typus aus. Leben, lieben, lachen, hassen, das sind Schlagworte für den Feuertypen. Der Feuertyp ist mental sehr stark. Ist das Feuerelement sehr stark vertreten, ist er unruhig und überreizt. Ist das Feuerelement zu wenig vertreten, dann fehlt die Leidenschaft und Spontaneität.
Seine Eigenschaften sind Höflichkeit, seine Gefühle Freude und Haß.

Zugeordnete Farbe = rot, unterstützende Farbe = grün.

Der Erdetyp:

Beim Erdetyp geht es um Erdung, Materie. Der Erdetyp steht mit beiden Beinen fest auf dem Boden und hat ein gutes Verhältnis zu den materiellen Dingen des Lebens. Die Zeit entspricht dem Spätsommer, Zeit der Ernte. Das gibt auch ein Gefühl von Sicherheit im materiellen Sinn.

Der Erdetyp ist mitfühlend und fürsorglich, mit einem sonnigen Gemüt und mit Geduld gesegnet.
Innere Kraft, Ausdauer und Gleichmut sind die Kennzeichen.
Erdetypen sind Menschen, die niemals Nein sagen können. Sie verfügen über die Begabung, liebevolle Gemeinschaften aufzubauen.

Zugeordnete Farbe = gelb, unterstützende Farbe = rot.

Der Metalltyp:

Dem Element Metall ist der Herbst zugeordnet, die Aktivitäten des Herbstes richten sich eher nach innen. Er macht sich sehr oft Sorgen und grübelt gerne.

Der Metalltyp zeichnet sich oft durch feine Gliedmaßen aus. Von der Energie her gesehen ist der Kopf sehr dominant, das heißt, bei ihm spielt sich alles im Kopf ab. Metalltypen haben die Tendenz, sich zu überfordern.

Die zugeordneten Organe sind Lunge und Dickdarm. Über die Lunge ist der Mensch mit den Prinzipien Nehmen und Geben, innere und äußere Welt, verbunden. Sie ist über das Atmen auch die Verbindung zwischen Körper und Geist.

Der Metalltyp kann mit seinem scharfen Intellekt, der Tendenz zur Disziplin und Ordnung, und seiner Verbindung zu den Innenwelten eine echte Bereicherung für die Umgebung sein. Er muß jedoch durch bewußtes Atmen und eine aufrechte Körperhaltung dafür sorgen, daß seine Traurigkeit nicht überwiegt.

Zugeordnete Farbe = weiß, unterstützende Farbe = gelb.

Der Wassertyp:

Symbolisch entspricht dies der Winterzeit. In dieser Zeit zieht sich alles nach innen zurück. Die Lebensprozesse verlangsamen sich. Wassertypen sind daher bedächtig, konsequent und sehr ruhig.
Stille, Einsamkeit und Meditation sind die Sehnsüchte der Wassertypen.
Wasser ist zwar sehr sanft, aber es erreicht letztendlich alles. Wassertypen erreichen ihre Ziele mit Sanftheit.
Durch seine Tiefe wirkt der Wassertyp auch sehr oft schüchtern und sensibel.

Niere und Blase sind dem Wasser zugeordnet, und damit ist auch das Thema des Wassertyps gegeben, – der Umgang mit Angst.

Wassermenschen brauchen ein spirituelles oder intellektuelles Ziel (Lebensziel). Sie sind Menschenfreunde und Visionäre.

Zugeordnete Farbe = schwarz/blau, unterstützende Farbe = weiß.

Das persönliche Element in Partnerschaft/Familie

Stellen Sie nun Ihr persönliches Element fest, und das Ihres Partners, Ihrer Partnerin, Ihrer Familienmitglieder.

Falls sich hier ein Spannungsverhältnis ergibt (das haben Sie ohne diese Berechnung auch schon gewußt), dann gibt es die Möglichkeit, hier korrigierend einzugreifen.

Die Vorgangsweise ist einfach. Geben Sie in den Bereichen (Wohnzimmer, Schlafzimmer), in denen Sie sich häufig mit Ihrem Partner/Partnerin/Familienmitglied aufhalten, diejenige Farbe oder Symbolik hinzu, die eine Harmonisierung bewirkt.

Zur Erinnerung noch einmal die Elemente-Anordnung:

Falls Sie ein Erdetyp sind und mit einem Wasser-Partner zusammen leben, dann ist das Element Metall eine Verbindung zwischen beiden. In diesem Falle wird empfohlen, Räume, die zusammen benützt werden, in weiß zu streichen, Metallgegenstände einzubringen.

Ist Ihr Partner Feuer und Sie sind ein Wassertyp, so ist das verbindende Element Holz. In diesem Falle wird empfohlen, die Farbe grün einzubringen, sowie z.B. viele Pflanzen.

Gibt es eine Partnerschaft zwischen Holz und Erde, so wird empfohlen, das Element Feuer einzubringen. Das bedeutet rote Farbe, viele Kerzen, und/oder Räucherstäbchen verwenden.

Ist es eine Partnerschaft zwischen Feuer- und Metall-Typ, dann wird empfohlen, die Farbe gelb einzubringen, Töpferwaren, Terracottaboden, etc.

Wie präzise sind die Aussagen zu den Elemente-Typen?

Die Antwort ist ganz einfach. Alle Maßnahmen im Feng-Shui dienen nicht der Determinierung von bestehenden Meinungen, sondern sind in erster Linie dazu da, um sich mit verschiedenen Aspekten zu beschäftigen. Nützen Sie, liebe Leser, das auch in Bezug auf die Elementelehre.
Natürlich ist es eine grobe Vereinfachung, wenn man die ganze Menschheit in nur fünf Typen einteilt, doch es lohnt sich, über die angegebenen Aspekte nachzudenken und selbst einen Bezug zu diesen persönlichen Elementen zu finden.

Vor kurzem berichtete mir eine Seminarteilnehmerin, die gelernt hatte die Elemente zu bestimmen, daß sie ein Experiment mit ihren Kindern gemacht habe. Sie ging einkaufen und ließ ihre Kinder die Kleidung selbständig aussuchen mit dem Ergebnis, daß sie genau die Farben aussuchten, die mit ihren persönlichen Elementen übereinstimmten.

Bei meinen Feng-Shui-Beratungen bin ich auch sehr oft ganz verblüfft, daß bei der Frage, welche Wandfarbe hättest du denn gerne, für ein Kinderzimmer in ca. 70% aller Fälle die Farbe des persönlichen Elementes genannt wird, wobei ich immer erst im Nachhinein das persönliche Element ausrechne.

ELEMENTE-ÜBERSICHT

Das Element Holz

Farbe:	grün
Form:	hoch, aufstrebend, zylindrisch, säulenförmig
Himmelsrichtung:	Osten
Jahreszeit/Tageszeit:	Frühling, früher Morgen
Mondphase:	zunehmender Mond
Planeten:	Jupiter
Entwicklungsphase:	Geburt
Sinnesorgan:	Augen
Sinne:	Sehen
Geschmack:	sauer
Organe:	Leber, Galle
Gewebe:	Sehnen
Äußere Erscheinung:	Nägel
Geräusch:	Schreien
Gefühle/Geisteshaltung:	Großzügigkeit und Toleranz, Zorn und Ärger
Eigenschaften:	Freundlichkeit
Energieformen:	expandierende Energie
Umgebung:	Wälder, hohe aufrechte Berge
Gebäudemerkmale:	Hochhäuser, Türme, Fabrikschornsteine hoch, aufstrebend, zylindrisch
Materialien:	Holz, Korbwaren, Kork, Bambus, Pflanzen
Möbel:	Holz- und Rattanmöbel, säulenförmige Möbel
Stoffe:	Baumwolle, grüne Stoffe
Muster:	vertikale Streifen
Tiere:	Drache

Das Element Feuer

Farbe:	rot
Form:	spitz, scharfkantig, dreieckig
Himmelsrichtung:	Süden
Jahreszeit/Tageszeit:	Sommer/Mittag
Mondphase:	Vollmond
Planeten:	Mars
Entwicklungsphase:	Wachstum
Sinnesorgan:	Mund
Sinne:	Schmecken
Geschmack:	bitter
Organe:	Herz, Dünndarm
Gewebe:	Gefäße
Äußere Erscheinung:	Gesicht
Geräusch:	Lachen
Gefühle:	Freude und Haß
Eigenschaften:	Höflichkeit
Energieformen:	nach oben gerichtete Energien
Umgebung:	spitze Berggipfel
Gebäudemerkmale:	Spitzdächer (Kirch-) Türme
Materialien:	Kunstleder, Plastik
Möbel:	rote Möbel, Möbel aus Kunststoffen, Dreiecktische
Stoffe:	Kunstfasern, Latex, rote Stoffe, tierische Produkte, Leder
Muster:	Dreiecke, Zackenlinien
Tiere:	Vogel

Das Element Erde

Farbe:	gelb, braun, beige
Form:	rechteckig, quadratisch, flach
Himmelsrichtung:	Zentrum, Mitte
Jahreszeit/Tageszeit:	Spätsommer
Mondphase:	Vollmond
Planeten:	Saturn
Entwicklungsphase:	Umwandlung
Sinnesorgan:	Zunge
Sinne:	Tasten
Geschmack:	süß
Organe:	Milz, Magen
Gewebe:	Muskeln
Äußere Erscheinung:	Lippen
Geräusch:	Singen
Gefühle/Geisteshaltung:	Grübeln, Sorge, Stabilität
Eigenschaften:	Glaubwürdigkeit
Energieformen:	rotierende Energie
Umgebung:	abgeflachte Hügel, Plateaus
Gebäudemerkmale:	rechteckiger Grundriß, flaches Dach
Materialien:	Erde, Ziegel, Terrakotta, Keramik, Porzellan, Beton
Möbel:	niedrige Schränke oder Truhen, Bänke
Stoffe:	Leinen, gelbe, braune Stoffe
Muster:	marmoriert, waagrechte Streifen

Das Element Metall

Farbe:	weiß, silber, grau, gold
Form:	rund, halbrund, kuppelförmig, oval, Gewölbe
Himmelsrichtung:	Westen
Jahreszeit/Tageszeit:	Herbst, früher Abend
Mondphase:	abnehmender Mond
Planeten:	Venus
Sinnesorgan:	Nase
Sinne:	Riechen
Geschmack:	scharf
Organe:	Lunge, Dickdarm
Gewebe:	Haut
Äußere Erscheinung:	Kopfhaar
Geräusch:	Weinen
Gefühle:	Vertrauen, Trauer
Eigenschaften:	Mut
Umgebung:	gerundete Hügelkuppen
Gebäudemerkmale:	Kuppeldächer, Rundbögen
Materialien:	Metalle, Gold, Silber, Kupfer, Messing, Eisen, Schmuck, Waffen
Möbel:	Metallmöbel
Stoffe:	durchwirkte Stoffe, Lurex, Brokat
Muster:	Punkte, Bögen, Halbkreise
Tiere:	Tiger

Das Element Wasser

Farbe:	dunkelblau, schwarz
Form:	unregelmäßig, wellenförmig, komplexe Formen
Himmelsrichtung:	Norden
Jahreszeit/Tageszeit:	Winter, Nacht
Mondphase:	Neumond
Planeten:	Merkur
Entwicklungsphase:	Ruhe
Sinnesorgan:	Ohren
Sinne:	Hören
Geschmack:	salzig
Organe:	Nieren, Blase
Gewebe:	Knochen
Äußere Erscheinung:	Körperhaare
Geräusch:	Stöhnen
Gefühle:	Milde und Mut
Eigenschaften:	Intelligenz
Energieformen:	herabfließende Energie
Umgebung:	Bach, Fluß, See, Meer
Gebäudemerkmale:	unregelmäßig, große Glasfenster
Materialien:	Glas, Wasser, Flüssigkeiten
Möbel:	Glastische, Glasvitrinen
Stoffe:	Seide, Satin
Muster:	Wellenlinien, uneinheitliche Muster
Tiere:	Schildkröte

Ein erfahrener Feng-Shui-Berater beginnt seine Recherchen immer in der Umgebung des Hauses oder Geschäftes seines Auftraggebers.

Dächer:

Gibt es Dächer von Nachbarhäusern, die Energien auf Ihr Haus ableiten?

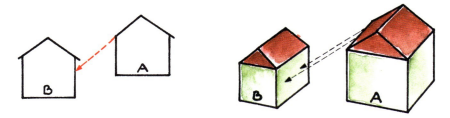

In diesem Fall kommt es zu einer deutlichen Überschneidung von Energien, das heißt die Energie des Hauses A „knallt" auf das Haus B. Das Resultat ist ein Angriff auf das Unterbewußtsein der Bewohner von B, ein ungutes und flaues Gefühl. Genau das kann zu Streitigkeiten in der Nachbarschaft führen. In so einem Fall legt man jedes Wort des Anderen auf die Goldwaage und kann sich eines prinzipiell unangenehmen Gefühles nicht erwehren.

Diese Situation erlebe ich in der Praxis als Feng-Shui-Berater sehr oft. Interessanterweise ergibt sich fast immer eine sehr starke Reaktion. Das heißt in einem Fall wie dem oben gezeigten habe ich schon oft erlebt, daß es zu Streitigkeiten gekommen ist, die nicht selten vor Gericht ausgetragen wurden.

Eine gute Lösungsmöglichkeit ist ein Spiegel, der die angreifende Energie abwehrt bzw. zurückspiegelt.

Lösungsmöglichkeit mit Spiegel

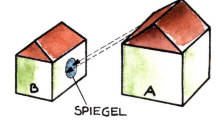

SPIEGEL

Dachfirste

Eine ähnliche Situation angreifender Energie ergibt sich auch durch die Richtung der Dachfirste. Abhilfe kann hier ebenfalls durch Spiegel erfolgen, wie nachfolgend dargestellt:

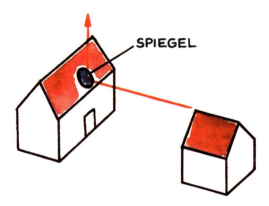

Nicht umsonst haben unsere Vorfahren ihre Dachfirste mit einer Rosette oder einem Hauszeichen geschmückt, um sie zu entschärfen.

Entschärfung mit Rosette

Hauskanten

Hauskanten sind bedrohlich und bauen ein erhebliches Maß an negativer Energie auf. In diesem Falle schützt man sich am besten durch eine Bepflanzung vor den Angriffen dieser Energie.

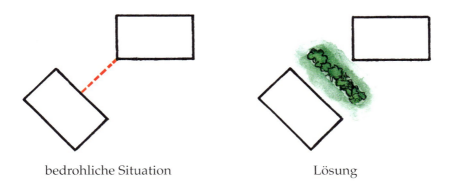

bedrohliche Situation   Lösung

In allen zuvor angeführten Fällen im Außenbereich bewährt sich ein Konvex-Spiegel, der dorthin plaziert wird, wo die Verlängerung dieser angreifenden Energie auf das Gegen-Gebäude trifft.

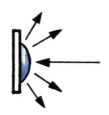

Eine bei uns seit Jahrhunderten bewährte Methode zur Entschärfung von Hauskanten sehen Sie in nebenstehendem Bild.

←——————————

Bei uns ebenfalls bis ins vorige Jahrhundert üblich war das Brechen von Hauskanten. ——————————→

Wenn das kein Beweis ist, daß es bei uns schon seit langer Zeit unausgesprochene Feng-Shui-Regeln gegeben hat!

KANTEN ALS ENERGIERÄUBER IM HAUS

Scharfe Kanten in Innenräumen, verursacht durch Mauerkanten und Möbel, erzeugen angreifendes „Sha" und sollten auf keinen Fall unterschätzt werden.

Ein Beispiel dazu aus meiner Praxis als Management-Berater soll das verdeutlichen:

Zusammen mit drei Geschäftsführern eines Unternehmens überlegen wir eine Woche lang in Form einer Vision, wie es mit dem Unternehmen weitergehen wird oder kann, welche Chancen in der Zukunft gegeben sind, und welche Schritte eingeleitet werden müssen, damit dieses Unternehmen in der Zukunft erfolgreich weiterbestehen kann. Diese Tätigkeit verlangt so ziemlich alles von den Teilnehmern ab, daher ist es wichtig, dies in einem entsprechend schönen Hotel durchzuführen, mit allen Freizeitannehmlichkeiten, damit eine entsprechende Entspannung nach dieser großen Anspannung möglich ist.

Es ist Sommer, August, draußen ist es sehr heiß. Plötzlich fällt die Klimaanlage aus. Das Hotelmanagement bemüht sich, uns ein Ersatzzimmer zur Verfügung zu stellen. Weil wir gerade in einem sehr wichtigen Gedankengang sind, fackeln wir nicht lange und nehmen unsere Unterlagen mit in das Ersatzzimmer, das wie folgt aussieht:

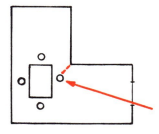

Position des sensiblen Geschäftsführers

Wie Sie sehen, sitzt einer der Teilnehmer mit dem Rücken zu einer scharfen Mauerkante, unglücklicherweise der sensibelste der drei Geschäftsführer, der seine Sensibilität als Leiter des Designs sehr gut in die Firma einbringen kann. Er ist gleichzeitig auch der nervöseste von den Dreien.

Genau dieser Mann fängt innerhalb einer halben Stunde einen Mordsstreit mit seinen Mitgesellschaftern an, sodaß plötzlich die „Fetzen" fliegen und unbearbeitete Konflikte nunmehr in voller Stärke serviert werden.

Ich selbst bin völlig erschrocken und beginne mich zu fragen, wie denn das passieren konnte, nachdem zwei Tage lang wirklich sehr konstruktiv gearbeitet wurde.

Schlagartig wird mir klar, daß das mit der neuen Sitzposition zusammenhängt. Ich schlage daher in meiner Verzweiflung eine Pause vor, um die Gemüter wieder zu beruhigen. In dieser Pause gelingt es mir, den Hausmeister des Hotels zu bewegen, die Reparatur der Klimaanlage des ursprünglichen Seminarraumes sofort durchzuführen, was ihm Gott sei Dank auch gelingt.

Nach der Pause ist es möglich, daß wir wieder in unseren ursprünglichen Seminarraum zurückkehren und das bewirkt, daß nunmehr das Kriegsbeil begraben wird und wir wieder daran gehen können, konstruktiv Pläne für die Zukunft zu erarbeiten.

Ich wage mir gar nicht vorzustellen, was gewesen wäre, wenn ich Feng-Shui nicht gekannt hätte, und bin wiederum sehr dankbar, daß mir Feng-Shui, wie so oft, sehr konkret in meinem Leben weitergeholfen hat.

Entschärfungsmöglichkeiten für Kanten:

1. Pflanzen davorstellen
2. Kristallkugel davorhängen
3. Ecken- und Kantenentstörer in Form von bunten Bändern
4. Kanten brechen/abrunden
5. Gerundete Holzleisten
6. Optische Entschärfung durch Malerei, Tapete, etc.

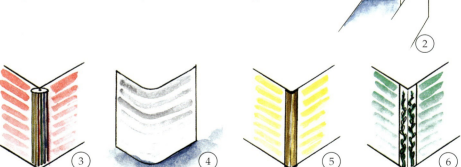

78

DAS BAGUA

Das Bagua

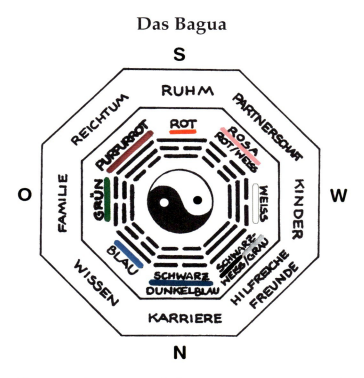

Der Begriff Bagua bezeichnet die acht Trigramme des Buches der Wandlungen und ist eine geniale Abbildung der Energieströme, die das Leben eines Menschen bestimmen. Das Bagua symbolisiert die acht universellen Energien und die eine zentrale bewahrende Kraft, die von diesen Energien umkreist wird. Dieses Kraftzentrum nennt man auch Tai Chi oder Ming Tang.

Es basiert auf den acht Trigrammen des I-Ging, das wiederum in acht Aspekten (8 x 8 = 64) alle Lebenssituationen beschreibt und somit seit tausenden von Jahren als das wichtigste und wesentlichste Weisheits- und Orakelbuch gilt.

Ein erfülltes Leben sollte alle acht Aspekte (mit dem Mittelpunkt sind es neun) aufweisen, daher ist das Bagua auch eine sehr wichtige Meßgröße für die Energien eines Haus- oder Grundstückgrundrisses.

Dieses Bagua wird über den Grundriß eines Hauses, einer Wohnung, eines Grundstückes gelegt, und somit hat der Feng-Shui-Berater einen ersten und wichtigen Anhaltspunkt über die Energiesituation, die Lebensenergien der Bewohner und auch darüber, welche Lebensthemen mit zu wenig Energie ausgestattet sind.

Aufgrund des Baguas ergibt sich ein bestimmter Raster, der praktisch auf den Hausgrundriß gestülpt wird. Nehmen Sie dazu ein Transparentpapier und legen es über den Grundriß Ihres Hauses, Ihrer Wohnung, und teilen Sie Ihr Haus, Ihre Wohnung in Drittel ein, sodaß sich inklusive Mittelpunkt neun Felder ergeben (= die Bagua-Bereiche).

Beispiel rechteckiges Haus:

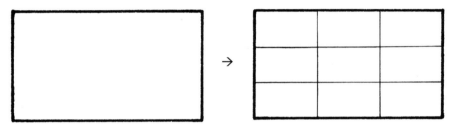

Transparent-Papier

Für das richtige Auflegen des Baguas gibt es zwei Möglichkeiten:

a) Das sogenannte Drei-Türen-Bagua, – als Bezugspunkt dient die Haustüre bzw. Eingangstür der Wohnung (wird nicht nur in Fernost sondern auch in Europa und Amerika verwendet).

b) Oder das Auflegen richtet sich nach den Himmelsrichtungen (wird vorzugsweise im Fernen Osten verwendet)

Unserer Erfahrung nach ist das Drei-Türen-Bagua besonders aussagefähig, da die Türe eines Hauses, einer Wohnung, eines Zimmers ganz entscheidend die Qualität des Hauses, der Wohnung, des Zimmers beeinflußt. Mit der Tür-Anordnung ändert sich symbolisch der „Kosmos" des Raumes.

Alle nachstehenden Aussagen gelten daher für das **Drei-Türen-Bagua-System.**

Das Auflegen des Baguas

Man nimmt die Seite des Grundstückes/die Seite des Hausgrundrisses/die Seite des Wohnungsgrundrisses/die Wand des Zimmers, an der sich die Eingangstüre befindet, und legt das Bagua so, daß die Bereiche Hilfreiche Freunde, Karriere und Wissen immer an dieser Seite bzw. dieser Wand, an der sich die Türe befindet, zum Liegen kommen.

Beispiel Grundstück: Das Auflegen des Baguas richtet sich hier nach dem Zugang zum Grundstück.

WISSEN KARRIERE HILFREICHE FREUNDE

hier wird das Grundstück betreten

Beispiel Haus: Das Auflegen des Baguas richtet sich nach der Hauseingangstüre

HAUSGRUNDRISS

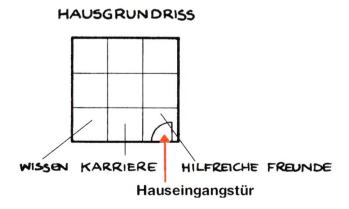

WISSEN KARRIERE HILFREICHE FREUNDE

Hauseingangstür

Beispiel Wohnung: Das Auflegen des Baguas richtet sich nach der Wohnungseingangstüre.

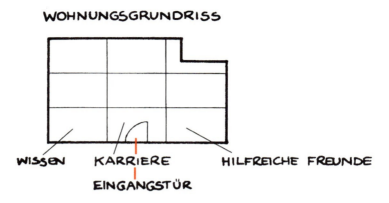

Beispiel Zimmer: Das Auflegen des Baguas richtet sich nach der Zimmereingangstüre.

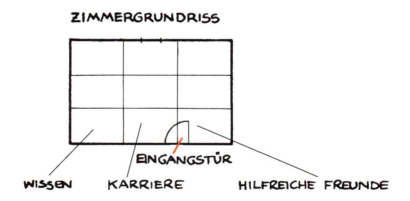

Ideale Grundrisse

Die idealen Grundrisse für ein Haus, eine Wohnung, ein Grundstück sind Quadrat, Rechteck und Kreis. In jede dieser drei Formen läßt sich das Bagua komplett einfügen.

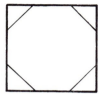 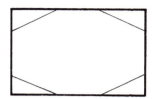 

Grundrisse mit Fehlenergien

Die bei uns so gebräuchliche L-Form von Häusern bedeutet, daß sich hier meistens drei oder mehrere Fehlenergien ergeben – je nachdem, wo die Hauseingangstür liegt – zum Beispiel:

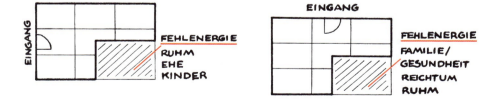

Hier sind als Ausgleich zahlreiche Feng-Shui-Maßnahmen notwendig.

Was beim Auflegen des Baguas bei einem Haus zu beachten ist:

Es geht hier um die Beobachtung der Energiesituation, daher ist Folgendes zu beachten:

Wenn in dem Haus ausschließlich die Hausbesitzer wohnen, so gilt für das Auflegen des Baguas die Hauseingangstüre (hier beginnt die persönliche Energie der Bewohner).

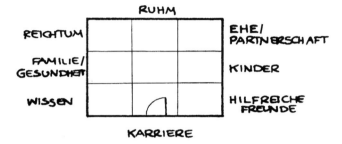

Wenn mehrere Eingangstüren benutzt werden, geht es um die Frage: „Wo betreten Besucher das Haus?", weil das Haus von der baulichen Seite daher in diese Richtung orientiert ist, aus Bequemlichkeitsgründen gehen die Bewohner z.B. von der Garage ins Haus.
Trotzdem ist die Gesamtausrichtung des Hauses von der Eingangstüre bestimmt.

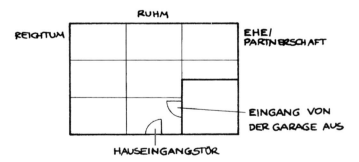

Wichtig ist auch die Erkenntnis, daß das Chi großteils durch die Eingangstüre in das Haus eintritt, das heißt in diesem Falle sollte die Eingangstüre immer wieder benützt werden, und es sollte auch immer dafür gesorgt werden, daß über die Eingangstür ausreichend belüftet wird.

Sollten in einem Haus mehrere Bewohner sein, z.B. Eltern, Schwiegereltern, etc., dann ist die wichtigste Frage: „Wo beginnt meine persönliche Energie?" Wenn beide Generationen den gleichen Hausflur verwenden, beginnt die persönliche Energie beim Eingang in die eigene Wohnung (Tür).

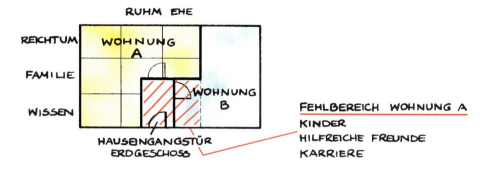

Das Bagua beginnt beim Eingang in die eigene Wohnung

Für jedes weitere Geschoß im Haus ergibt sich somit ein eigenes Bagua, weil das Bagua immer so angelegt sein muß, daß der Beginn der Energiesituation der Bewohner immer im Bereich Hilfreiche Freunde, Karriere oder Wissen liegt.

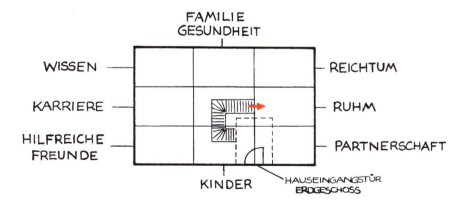

Erstes Geschoß:
Wenn im oberen Geschoß keine eigene Tür gegeben ist, dann richtet sich das Bagua nach der Richtung des letzten Treppenabsatzes (letzte Stufe) ➤

FESTSTELLEN VON FEHLENERGIEN

Jetzt ist wichtig, mit Hilfe des Baguas herauszufinden, welche Fehlenergien vorhanden sind.

Achtung: keine Angst vor Fehlenergien! Sie stellen lediglich eine Bestandsaufnahme dar und sollen uns anzeigen, welches Thema in unserem Leben von ganz besonderer Wichtigkeit ist.

Wenn beispielsweise der Bereich Ehe/Partnerschaft eine Fehlenergie ist, dann heißt das, daß der Bereich Beziehungen eine ganz besonders wichtige Bedeutung im Leben der Bewohner hat, und daß sich wahrscheinlich dieses Thema durch das ganze Leben zieht, bis man den Mut hat, genau dieses Thema anzuschauen und sich mit ihm auseinanderzusetzen.

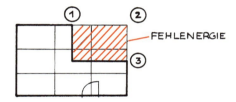

FEHLENERGIE

FEHLENERGIE
KINDER 100%

① BEKANNTHEITSGRAD 50%
② PARTNERSCHAFT 100%
③ KINDER 50%

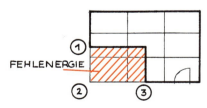

FEHLENERGIE

FEHLENERGIE
KARRIERE 100%

① FAMILIE GESUNDHEIT 50%
② WISSEN 100%
③ KARRIERE 50%

86

Wieso können Fehlenergien ein Lebensthema anzeigen?

Wir sind hier beim sehr wichtigen Thema Zufall. Es gibt nämlich keinen Zufall, sondern nur den Zu-fall, das heißt alles fällt einem aufgrund der inneren Ausstrahlung zu.

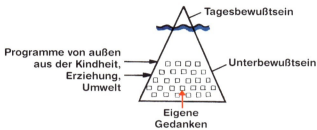

Jeder Mensch ist Sender und Empfänger gleichzeitig. Wir alle senden permanent eine bestimmte Schwingung aus, die sich aus der Summe unserer inneren Programme ergibt. Programme, die wir von den Eltern und unserer Umgebung im Laufe unserer Erziehung bekommen haben, und auch das innere Gedankengut – das was wir permanent denken, ob positiv oder negativ –, das zusammen ergibt eine bestimmte Ausstrahlung, eine Frequenz, die wir nach außen senden. Unser Leben ist nichts anderes als die Antwort auf diese Frequenz, das heißt unser Leben, unsere Lebensumstände stehen in Resonanz mit unserer inneren Ausstrahlung.

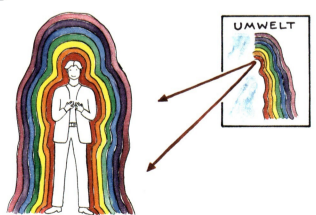

Unsere Ausstrahlung führt in der Umwelt zur Resonanz (Spiegelbild). Das was wir aussenden, bekommen wir auch wieder zurück.

Wir können daher unseren Alltag, unsere Lebensumstände dazu verwenden, um selber zu entdecken, in welcher inneren Energiesituation wir sind, weil uns unsere Lebensumstände (dazu gehört auch unsere Wohnung, unser Haus) eindeutigst, wie ein Spiegelbild, darauf hinweisen, wie unsere innere Situation tatsächlich ist.

Da wir sehr vieles unbewußt und auch bewußt verdrängen, zeigen viele äußere Umstände, die wir nicht mögen, nichts anderes als unseren verdrängten Schatten. Daher sind sehr wichtige Dinge unseres Lebens die, die wir ablehnen, die wir nicht mögen, wo wir sehr laut „Nein" sagen, denn es handelt sich dabei um die vom Bewußtsein vielleicht durch Erziehung, durch innere erworbene Programme etc. verdrängten Anteile unserer Persönlichkeit, die darauf warten, daß wir eine Transformation durchführen, das heißt sie aus der Verdrängung befreien.

Jürgen Brodwolf

Figuren-Kosmos

St. Egidien Nürnberg

Kunstausstellung vom 20. 10. – 26. 11. 2006

geöffnet Fr. – So. 12 – 19 Uhr

An Wochentagen vormittags bitte im Pfarramt melden

(gerne auch wegen Führungen von Schulklassen).

St. Egidien

Egidienplatz 37 · 90403 Nürnberg

Tel. 0911 214 11 41

Mail: pfarramt@egidienkirche.de

www.egidienkirche.de

Karriere (Wasser)

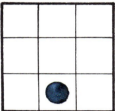

Dieser Bereich symbolisiert den Beginn einer Reise oder auch den Beginn eines Weges. Symbolisch bedeutet das, wir haben uns im Zuge der Evolution in Jahrmillionen als Menschen aus dem Wasser entwickelt.

Grundfarbe dieses Bereiches: schwarz und dunkelblau.

Interessant und auffällig ist, daß auch in der westlichen Welt der Bereich Karriere mit dunkelblau symbolisiert wird: der dunkelblaue Anzug, das dunkelblaue Manager-Auto, und auch der Time-Manager ist meistens schwarz oder dunkelblau.

Wenn das Leben stagniert, sollte dieser Bereich in jedem Falle aktiviert werden. Daher ist Wasser ein sehr wichtiges Symbol in diesem Bereich und sollte entweder als Brunnen oder auch als Bild dargestellt werden. Zum Beispiel sorgt ein Quellstein in der Nähe der Eingangstüre dafür, daß die Karriere, das Weiterkommen, die Veränderung im Berufsleben stattfindet und somit auch die Finanzen in Ordnung kommen.

**Fehlenergien im Bereich Karriere
können wie folgt ausgeglichen werden:**

Im Innen: Ein Ausgleich kann erfolgen durch Bilder oder Gegenstände in den Farben schwarz und blau; auch Bilder mit blauem oder schwarzem Rahmen;

Bilder eines Weges (Der Weg ist das Ziel), Bilder von Reisen, von Wasser (sanfter Wasserfall), kleines Schiff (Kurs halten), Aquarium, Spiegel, Schale mit Wasser.

Am Grundstück: Quellstein oder Springbrunnen vor dem Haus.

Wissen (Berg)

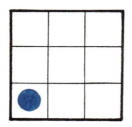

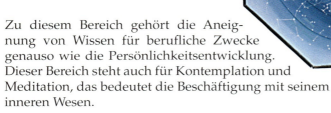

Zu diesem Bereich gehört die Aneignung von Wissen für berufliche Zwecke genauso wie die Persönlichkeitsentwicklung. Dieser Bereich steht auch für Kontemplation und Meditation, das bedeutet die Beschäftigung mit seinem inneren Wesen.

Die Farbstellung in diesem Bereich ist blau und schwarz/grün.

In unserem Heureka-Seminarzentrum haben wir, passend zu unserem Themenkreis, daher alle Türen in blau gehalten.

Fehlenergien im Bereich Wissen können wie folgt ausgeglichen werden:

Im Innen: Ein Ausgleich kann hier erfolgen durch ein Bücherregal/Bücherschrank, Lexika/Enzyklopädien, Verwendung von Bildern in der Farbe blau, Bilder mit Bergmotiv (der Berg Athos), offene Behälter wie Truhen und Vasen, große leere Gefäße (symbolisieren, daß sie gefüllt werden sollten), das Bild einer Winterlandschaft mit Berg, etc.

Am Grundstück: Eine blaue Sitzgarnitur, große Vase, ein Stein der einen Berg symbolisiert.

Familie/Gesundheit (Donner)

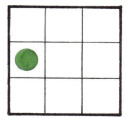

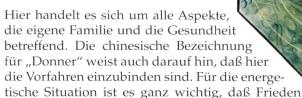

Hier handelt es sich um alle Aspekte, die eigene Familie und die Gesundheit betreffend. Die chinesische Bezeichnung für „Donner" weist auch darauf hin, daß hier die Vorfahren einzubinden sind. Für die energetische Situation ist es ganz wichtig, daß Frieden zwischen den Generationen herrscht, und das heißt, daß die Energien zwischen Eltern und Kindern transformiert sind, sodaß keine negativen Energien mehr übrig sind.

Eine Transformation ist auch nach dem Ableben der Eltern möglich, in diesem Falle bedeutet das ein geistiges Aussöhnen. Falls dies aus inneren Gründen nicht möglich erscheint, ist beinahe sicher, daß diese ungelösten Energien an die eigenen Kinder weitergegeben wird, und daß es hier zu einer ähnlich problematischen Beziehung kommt.

Ein Beispiel dazu:

Ein Kunde, bei dem ich eine Feng-Shui-Beratung in seinem Unternehmen durchführte, erzählte mir, daß er mit 19 Jahren von zu Hause weggelaufen sei, weil er große Probleme mit seinem Vater hatte. Er habe sich daraufhin, 150 km von seinem Elternhaus entfernt, eine eigene Existenz aufgebaut und einen Betrieb gegründet. Einige Wochen später war ich zu einem Betriebsfest dieser Firma eingeladen und saß neben dem Sohn des Unternehmers, und ich war beinahe sprachlos vor Erstaunen: dieser junge Mann erzählte mir beinahe in gleichen Worten das, was mir sein Vater erst vor wenigen Wochen erzählt hatte, nämlich er komme mit seinem Vater nicht klar und werde aus dem Unternehmen austreten und sich irgendwo eine eigene Existenz aufbauen!

Die Farbstellung im Bereich Familie/Gesundheit ist grün.

Fehlenergien im Bereich Familie
können wie folgt ausgeglichen werden:

Im Innen: Gesunde grüne Pflanzen, Blumen, Bilder der Familie, Bilder der Vorfahren (Elter, Großeltern), Familienwappen, Bild Sonnenaufgang, Bild Frühlingsmotive, Bild Lebensbaum, Zimmerbrunnen, die Farbe grün.

Am Grundstück: Ideal der Lieblingsbaum, der symbolisch für die Gesundheit steht. Oder vielleicht ein immergrüner Bambus, der im Feng-Shui eine besonders positive Bedeutung hat (Langlebigkeit, Widerstandskraft).

Reichtum (Wind)

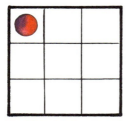

Gemeint ist hier der innere und äußere Reichtum.

Mit der chinesischen Bezeichnung „Wind" wird symbolisch ausgedrückt, daß das Leben wie eine sanfte Brise sein sollte. Der beste Begriff dazu ist Wohlstand – das heißt, daß im Leben alles zum Wohle steht. Das bedeutet aber kein Leben ohne Probleme, sondern vielmehr, wenn Probleme auftauchen, werden sie stets sofort angepackt und konstruktiv gelöst. Dieser Bereich steht also für die Fülle des Lebens.

Die Farbstellung in diesem Bereich ist purpurrot oder lila.

Fehlenergien im Bereich Reichtum
können wie folgt ausgeglichen werden:

Im Innen: Am besten bewährt haben sich in diesem Bereich die Verwendung eines Zimmerbrunnens, Aquarium, Wasserfallbilder, rotblühende Zimmerpflanzen oder Pflanzen mit roten Übertöpfen, ein frischer Blumenstrauß, ein Bild in rotem Rahmen, das die Fülle symbolisiert (z.B. Stilleben), Gegenstände in rot oder lila. Weitere ausgleichende Möglichkeiten sind eine leere Kristallschale zum Sammeln der Fülle, ein stilisierter Geldbaum, wertvolle Antiquitäten, alle Gegenstände, die für die Bewohner Reichtum und Glück symbolisieren (das Fließen des Lebens); die Verwendung eines Mobiles möglichst im Farbton rot oder lila; die Aktivierung durch eine Beleuchtung. Ein altes chinesisches Symbol des Reichtums ist eine schwarze Schale mit roter Serviette und goldenen Früchten.

Am Grundstück: Biotop mit einem Quellstein. Es muß sich hier unbedingt um fließendes Wasser handeln, da stehendes Wasser dazu neigt brackig zu werden, und dadurch das Gegenteil von Reichtum symbolisiert wird. Auch die Bepflanzung mit roten (z.B. Rotbuche) oder rot blühenden Pflanzen ist hier zu empfehlen.
Ebenfalls ein schönes Symbol stellt ein Windrad dar.

Ruhm/Stand (Feuer)

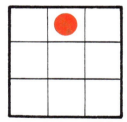

Dieser Bereich bedeutet Bekanntheitsgrad, Ansehen, aber auch Erfüllung. Erst wenn man zu sich selbst gefunden hat, sich selbst so akzeptiert wie man ist, mit allen positiven aber auch allen negativen Aspekten, bekommt man eine innere Tiefe, die sich letztendlich als gelassene Ausstrahlung nach außen zeigt. Dies ist die eigentliche Bedeutung dieses Bagua-Bereiches.

Die Farbstellung in diesem Bereich ist rot.

Ein Beispiel aus der Praxis:

Ein Landespolitiker, der für diese Dinge aufgeschlossen ist, ließ sich von mir eine Feng-Shui-Beratung in seinem Büro durchführen. Es wurden speziell im Bagua-Bereich Ruhm viele Feng-Shui-Maßnahmen gesetzt.

Anläßlich dieser Beratung kamen wir auch auf das Thema Loslassen zu sprechen. Loslassen bedeutet unter anderem auch, daß jedes verkrampfte Bemühen, jedes Bemühen das nur aus dem Ego heraus passiert, in gleicher Stärke wie es durchgeführt wird, eine Gegenkraft aufbaut. Dieser Politiker besuchte darauf hin mein Seminar „Lass los und lebe" und setzte die gewonnenen Erkenntnisse in seinem Alltagsleben um. Das Erfreuliche daran: seit diesem Zeitpunkt spürt er deutlich, daß er bei allem was er tut, egal ob bei Sitzungen oder öffentlichen Reden, wesentlich besser bei seinen Mitmenschen ankommt, einfach dadurch, daß der nun viel mehr in sich selber ruht und diese Ruhe und diese Gelassenheit nun automatisch im Außen ausstrahlt.

Und Feng-Shui war der Auslöser für diese positive Veränderung!

**Fehlenergien im Bereich Ruhm
können wie folgt ausgeglichen werden:**

Im Innen: Ein Ausgleich kann erfolgen durch Bilder mit überwiegend rotem Farbton bzw. Bilder mit rotem Rahmen. Vorhänge in diesem Bereich sollten ebenfalls den Farbton rot aufweisen. Weitere Aktivierungsmöglichkeit durch Licht. Symbole, die Klarheit und auch Erleuchtung ausdrücken. Besonders schöne Kunstgegenstände; Pokale, Diplome, Meisterbriefe; eine Heiligenfigur, ein Buddha, eine alte Bibel, roter Samt und Seide.

Am Grundstück: rote Bepflanzung, Gartenleuchte.

Ehe/Partnerschaft/Kommunikation (Erde)

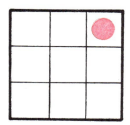

Es geht hier in erster Linie um die Partnerschaft bzw. eheliche Gemeinschaft, aber auch Partnerschaft bzw. Kommunikation im Berufsleben.

Farbstellung: Grundsätzlich sollte in diesem Bereich die Farbstellung rot/weiß oder rosa überwiegen.

**Fehlenergien im Bereich Ehe
können wie folgt ausgeglichen werden:**

Im Innen: Ein Ausgleich kann erfolgen durch Bilder, die Partnerschaft symbolisieren, Bilder mit Gemeinsamkeitsmotiven, weiße Bilder mit rotem Rahmen oder rote Bilder mit weißem Rahmen, oder Bilder in zarten Pastellfarben mit rosa Rahmen. Partnerdelphine, Delphin-Mobiles, Aktivierung durch Licht, Aktivierung durch Blumen in einer rosa Vase, Mobiles in den Farben rot/weiß oder rosa. Alles was die Zahl 2 symbolisiert (2 Rosen, 2 Herzen, 2 Regenbogenkristalle, 2 Tauben, Holzentenpaar).

Am Grundstück: Bepflanzung in rot/weiß oder rosa. Skulptur, die Zweisamkeit ausdrückt.

Kinder/Kreativität (See)

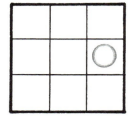

Neben dem Thema Kinder drückt dieser Bereich auch das aus, was ein Mensch
kreativ hervorbringt: wie Gedichte, Bücher,
Malereien, Handarbeiten, usw.
In Firmen sollte in diesem Bereich die Marketing-
und Werbeabteilung angesiedelt sein.
Ein Fehlen dieser Zone bedeutet nicht unbedingt Kinderlosigkeit, sondern
kann auch ein schwieriges Verhältnis zu den Kindern signalisieren.

Farbstellung: Grundsätzliche Farbe in diesem Bereich = weiß.

**Fehlenergien im Bereich Kinder
können wie folgt ausgeglichen werden:**

Im Innen: Ein Ausgleich erfolgt über Bilder, die einen See symbolisieren
(z.B. Monet's Seerosenteich), die Fotos der Kinder in einem weißen Rahmen,
das Bild eines Sonnenunterganges, Metallgegenstände oder auch ein Metall-
klangspiel, alle Gegenstände, die auf Kreativität hindeuten, wie eigene Kunst-
werke, etc.

Am Grundstück:
Bepflanzung mit weißblühenden
Pflanzen/Blumen, weißem Flieder,
etc. oder Plazierung des Kinder-
spielplatzes im Bagua-Bereich Kinder des Grundstücks.

Hilfreiche Freunde (Himmel)

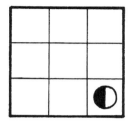 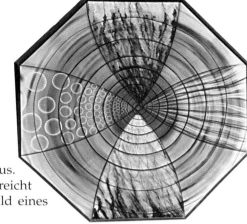

Diese Bezeichnung sagt schon alles aus.
Es geht um Unterstützung. Das reicht
vom Bild des Erbonkels bis zum Bild eines
Schutzengels.
Dieser Bereich drückt aber auch die Beziehung zu
Nehmen und Geben aus. Nicht nur „wer unterstützt mich?" sondern auch
„wen unterstütze ich?" Bei einer Fehlenergie in diesem Bereich sollte daher die
Frage Nehmen und Geben im Vordergrund stehen. Erwarte ich zuviel von
anderen, oder gebe ich in meinem Leben immer nur und vergesse dabei auf das
Nehmen – vielleicht aufgrund meiner Erziehung?

Farbstellung: Grundfarbe dieses Bereiches = schwarz/weiß.

Fehlenergien im Bereich Hilfreiche Freunde
können wie folgt ausgeglichen werden:

Im Innen: Ein Ausgleich kann erfolgen durch Bilder von hilfreichen Freunden;
Objekte aus Bleikristall, Halbedelsteinen und Mineralien; Bilder von Reisen,
Reisesouvenirs; für gläubige Menschen sakrale Symbole und Bilder, Heiligen-
bilder, Bilder von Schutzengeln. Bilder von Persönlichkeiten, die eine starke
Ausstrahlung haben.

Am Grundstück: Bepflanzung in schwarz/weiß, z.B. heller Flieder/dunkler
Flieder, oder auch Rosenkugeln in schwarz/weiß, Bepflasterung hell/dunkel.

Zentrum (Tai Chi)

Im Inneren des Hauses sollte dieser Bereich möglichst frei sein (Brennpunkt aller Kräfte), aber als Mittelpunkt erkennbar, zum Beispiel durch ein Mobile, einen Regenbogenkristall oder eine DNS-Spirale oder einen Bergkristall mit Spitze zur Decke zeigend.

Am Grundstück sollte dieser Mittelpunkt klar erkennbar sein, zum Beispiel durch einen Springbrunnen, runde Pflasterung, einen Baum, etc.

Ausgleich von Fehlenergien

Beispiel, wie man Fehlenergien ausgleicht:

Die Frage, wie oft man Fehlenergien ausgleichen sollte, kann eindeutig beantwortet werden: **so oft wie möglich!** Das heißt, wenn aufgrund Ihres Haus- oder Wohnungsgrundrisses eine bestimmte Fehlenergie gegeben ist, sollten Sie diese Fehlenergie sowohl durch Maßnahmen am Grundstück (wenn vorhanden) als auch in möglichst jedem Raum des Hauses oder der Wohnung ausgleichen. Natürlich nur da, wo dies ohne Krampf möglich ist (nicht in jedem Abstellraum).

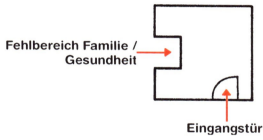

Fehlbereich Familie / Gesundheit

Eingangstür

Bei diesem Grundriß fehlt der Bereich Familie/Gesundheit. Daher wird in diesem Fall empfohlen, im entsprechenden Bereich des Grundstückes einen schönen Baum oder Bambus zu pflanzen.

Als Ausgleich im Haus gibt es die Möglichkeit, im Bagua-Bereich Gesundheit/Familie von Vorzimmer, Küche und Wohnzimmer jeweils gesunde grüne Pflanzen aufzustellen.
Zusätzlich wird darauf geachtet, daß in diesem Haus der Blick so oft wie möglich auf Gesundheit fällt, und das bedeutet auch an jedem Treppenabsatz, sowie rechts und links im Eingangsbereich (Tür) grüne Pflanzen zu plazieren.

Auch im Bad ist dafür zu sorgen, daß zumindest eine gesunde Pflanze vorhanden ist.

Und im ganzen Haus sollte die Farbe pastellgrün (frühlingsgrün) so oft wie möglich und verträglich verwendet werden.

All das gehört zur Symbolkette Familie/Gesundheit.

Außen:

Ausgleich am Grundstück:
schöner Baum oder Bambus

↓
Zugang

Innen:

Ausgleich in der Wohnung:
grüne Pflanzen
in den einzelnen Räumen

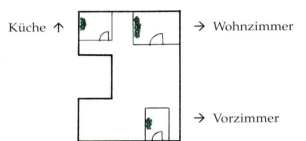

Küche ↑ → Wohnzimmer

→ Vorzimmer

Ausgleich im Bad
mit Pflanze am Fenster

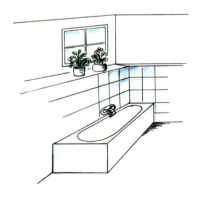

Als Ausgleich in jedem Bagua-Bereich verwendbar sind:

Innen:

Bilder: in den einzelnen Bagua-Farben

Kristallkugeln: mit diesen wunderschönen Regenbogenkristallen, die an einem Band oder einem reißfesten Faden (Silk) hängen, kann eine genaue Abstimmung in jedem Bagua-Bereich erfolgen.

In der Zwischenzeit gibt es bereits Kristallkugeln auch in den Farben grün, rosa und hellblau.

Farbige Bänder: zum Beispiel:
rosa im Bereich Ehe/Partnerschaft,
rot im Bereich Reichtum,
grün im Bereich Gesundheit,
weiß im Bereich Kinder.

Pflanzen und Blumen: Pflanzen bauen Energien auf und beleben daher jeden Bagua-Bereich. Mit den Übertöpfen in der entsprechenden Bagua-Farbe ergibt das einen harmonischen Ausgleich. Bitte immer bedenken, daß Pflanzen mit runden Blättern eine bessere Energie erzeugen als Pflanzen mit spitzen Blättern.

Außen:

Rosenkugeln in den entsprechenden Bagua-Farben

Pflanzen in den passenden Bagua-Farben

DER EINSATZ VON FENG-SHUI-MITTELN

Wenn nachstehend von Gegenständen die Rede ist, die zur Verbesserung einer Energiesituation verwendet werden, so ist bitte Folgendes zu beachten:

1. Diese Gegenstände haben Symbolcharakter und wirken daher auf den Betrachter symbolisch, das heißt direkt ins Unterbewußtsein.

2. Besonders wichtig ist, daß es zu **Symbol-Handlungen** kommt. Das Feststellen eines Energiemangels, das Aussuchen der entsprechenden Gegenstände und das Plazieren derselben bedingen, daß man sich geistig mit der entsprechenden Fehlenergie beschäftigt und gleichzeitig an der Behebung (Lösung) arbeitet. Das ist wie beim Mentaltraining, das bis in die tiefsten – und damit wirkungsvollsten – Schichten unseres Unterbewußtseins wirkt.

Damit ist klar: im Gegensatz zur fernöstlichen Lehre, die extrem patriarchalische Ansichten hat (= nur diejenige Maßnahme, die von einem Feng-Shui-Meister vorgeschlagen wird, ist zulässig, ein Meister darf niemals kritisiert oder eine Maßnahme von ihm in Frage gestellt werden), komme ich zum Schluß: eine Feng-Shui-Lösung ist nur dann gut, wenn der Geschmack und das Gefühl der Bewohner damit getroffen wird. Wichtigstes Kriterium: ich kann mich damit identifizieren und wohlfühlen!

Daher muß so lange daran gearbeitet werden, bis bei mehreren Lösungsvorschlägen die „richtige" für den/die Bewohner gefunden wird. Das ist das Kennzeichen für einen qualifizierten Feng-Shui-Berater, wie ich ihn am Europäischen Feng-Shui-Institut in Haag ausbilde. Daher lege ich bei der Ausbildung zum Diplom Feng-Shui-Berater, neben der Vermittlung von Wissen, großen Wert auf die Schulung der Intuition. Diese ist nicht an einem oder zwei Wochenenden im Husch-Pfusch-Verfahren erlernbar!

Spiegel

Spiegel haben im Feng-Shui eine Doppelbedeutung.

a) öffnende Funktion

Spiegel öffnen Räumlichkeiten (wie beim Ausgleich des Hauses, Seite 48 beschrieben). Nützlich ist die Anwendung dieser Funktion auch bei zu engen Vorzimmern. Hier empfehle ich die großzügige Verwendung von Spiegeln. Sollte das Vorzimmer ein langer Schlauch sein, ist es auch vorstellbar, daß eine Wand dieses Vorzimmers komplett verspiegelt ist. Das erzeugt die notwendige räumliche Tiefe.

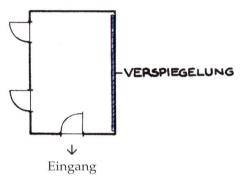

Eingang

b) Stopfunktion

Eine gegenteilige Wirkung wie oben beschrieben, nämlich eine Stopfunktion, haben Spiegel, die an WC- und Badezimmertüren angebracht werden. Sie haben hier die Aufgabe, die positive Energie, die in den Räumlichkeiten aufgebaut wurde, daran zu hindern, in Räume, in denen die Energie verschmutzt und aus dem Hause geleitet wird (wie Bad und WC), einzudringen.

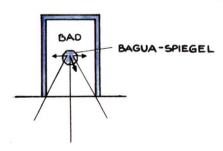

Ein ähnlicher Verwendungszweck besteht auch bei der Ableitung von Energien von Dachkanten und Dachfirsten. In diesem Fall ist ein Konvexspiegel ganz besonders wirksam („bauchiger", nach außen gewölbter Spiegel).

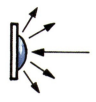

c) Rückspiegelfunktion

Ein wichtiger Verwendungszweck für Spiegel ist auch die Verwendung als „Rückspiegel", z.B. wenn der Küchenherd so steht, daß der Koch/die Köchin mit dem Rücken zur Tür steht, dann sollte ein Spiegel so angebracht werden, daß man die Türe einsehen kann.
Verletzter Rückenschutz bedeutet Energieverlust!

Wenn es in Büros nicht vermeidbar ist, daß jemand mit dem Schreibtisch so sitzt, daß er die Tür im Rücken hat, so wird auch in diesem Falle empfohlen, einen Spiegel zu verwenden. Hier kann ganz dezent auch eine spiegelnde Kugel verwendet werden. Sie hat zusätzlich den Vorteil, daß sich der ganze Raum in dieser Kugel spiegelt, und das gibt ein sicheres Gefühl, eine beruhigende Wirkung fürs Unterbewußtsein.

Kugel mit Spiegeleffekt
schafft Überblick und beruhigt

Diese Maßnahme empfehle ich zum Beispiel auch in Großraumbüros, wo meistens nicht genügend Rückenschutz gegeben ist und die Geborgenheit sehr stark zu wünschen übrig läßt. Hier holt man sich den ganzen Raum in seinen Blickbereich durch eine verspiegelte Kugel, die ganz dezent als Briefbeschwerer deklariert wird.

Kristallkugeln

Bei uns sehr gebräuchlich sind die sogenannten Regenbogenkristalle, sie haben eine sehr wohltuende Doppelfunktion:

a) als Energiestop:

Wenn Tür und Fenster gegenüber liegen, ist es notwendig, eine Kristallkugel als Energiestop am Fenster zu plazieren, damit sich die Energie im Raum halten kann (orthodoxe chinesische Feng-Shui Lehrer bestehen darauf, daß nur ungeschliffene Bergkristalle diese Aufgabe erfüllen).

KRISTALL

b) als Energieverstärker

Diese Kristallkugeln bringen aber auch sehr viel Energie in den Raum. Sobald die Sonne daraufscheint, leuchten hunderte von Regenbogenfarben im ganzen Raum.

Falls keine Möglichkeit zum Aufhängen von Kristallkugeln am Fenster besteht, gibt es auch Kristalle zum Hineinstecken in Blumentöpfe.

Ich wohne mit meiner Familie in einem alten Landhaus, das nur kleine Fenster hat und daher zu wenig Licht und Energie bekommt. Es hängt daher an jedem Fenster ein Regenbogenkristall. An sonnigen Tagen funkeln tausende Regenbogenfarben im ganzen Haus und geben Energie.

Weitere Einsatzmöglichkeiten:

● Große Kristallkugeln kann man auch zur Bildung eines Mittelpunktes (eines Hauses, einer Wohnung) heranziehen. Abb. 1

● Sie können auch als Belebung für dunkle Ecken verwendet werden, zusammen mit Licht. Abb. 2

● Sollten scharfe Kanten nicht durch Abdecken, Davorstellen, Plazieren von Blumen entschärft werden können, so gibt es auch hier die Möglichkeit, mit einer Kristallkugel zu arbeiten. Abb. 3

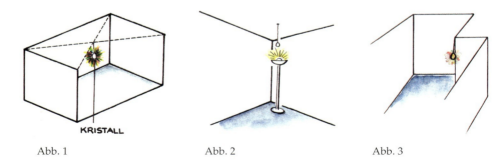

KRISTALL

Abb. 1   Abb. 2   Abb. 3

Klangspiele

„Nada Brahma – die Welt ist Klang" ist ein faszinierendes Buch von Joachim Ernst Berendt. Berendt zeigt auf, daß der ganze Kosmos aus Klang besteht (Schwingung), und daß sämtliche Planeten im Verhältnis der Tonleiter schwingen. Auch Feng-Shui teilt diese Meinung, das bedeutet, daß jedes Haus, jede Wohnung und jeder Raum eine bestimmte Schwingung hat und damit einen bestimmten Klang besitzt. Dieser Klang ist zwar für unsere Ohren unhörbar, aber trotzdem vorhanden.

Ein Klangspiel im Bereich Eingangstür symbolisiert, daß man nunmehr in den Klang seines eigenen Zuhauses zurückkehrt. An der Eingangstüre eines Geschäftes symbolisiert es, daß man nunmehr in die harmonische Schwingung eines Geschäftes eintritt.

Dieses Klangspiel hat aber auch noch eine weitere symbolische Bedeutung:
In alten Zeiten wurden Frohbotschaften dadurch verkündet, daß ein Flötenspieler den Beginn dieser Verkündigung, die ein öffentlicher Verkündiger in den Dörfern ausrufen ließ, einleitete.
Klang ist also mit etwas Positivem verbunden.

Wichtig dabei ist, daß dieser Klang zu der vorhandenen Schwingung paßt. Daher ist es notwendig, beim Aussuchen eines Klangspieles darauf zu achten, daß dieser Klang allen Familienmitgliedern, die in dem betreffenden Haus/Wohnung wohnen, sympathisch ist.

Im östlich orientierten Feng-Shui werden Klangspiele auch dazu verwendet, um die Energie zu stoppen, wenn Tür und Fenster einander gegenüberliegen. In chinesischen Wohnungen hängen daher beinahe vor jedem Fenster Klangspiele. Ich empfehle die wesentlich neutraleren Kristallkugeln für den gleichen Zweck.

Ein Klangspiel kann man auch als Trennung zwischen zwei Bereichen verwenden. Wenn Sie zum Beispiel in Ihrem Wohnzimmer eine Ecke für den Arbeitsbereich reserviert haben, so eignet sich ein Klangspiel zwischen diesen beiden Bereichen ganz hervorragend als definitives Zeichen, daß es sich hier um zwei verschiedene Themen handelt, die nicht ineinander übergehen, sondern getrennt werden sollten.

Die Gefahr eines Arbeitsbereiches im Wohnzimmer besteht darin, daß ohne diese Trennung Arbeiten und Relaxen nicht klar getrennt sind und es dadurch zu keiner Erholungsphase und Privatsphäre kommt, die ja ganz besonders wichtig für das Familienleben ist.

Glöckchen

Im fernen Osten werden auch Glöckchen verwendet, die beim leisesten Windhauch zarte Töne verbreiten. Es gibt sehr viele Tempel, die dadurch in einen zauberhaften Klang gehüllt sind. Wenn Sie eine Fernostreise machen, besuchen Sie die goldene Tempelstadt von Bangkok, dann wissen Sie, was ich meine. Auch hier gilt wieder: das was in diesem Teil der Welt so wunderschön ist, kann in unseren Breitengraden ganz gegenteilig wirken. Stellen Sie sich eine Reihenhausanlage vor, und eines dieser Reihenhäuser ist umrahmt von Glöckchen, die den ganzen Tag und die ganze Nacht klingen …

Mobiles

Man kann sie gar nicht oft genug verwenden, die Mobiles. Es gibt sie mittlerweile in reicher Auswahl.
Viele Mobiles haben eine Doppelfunktion:

● Eine Funktion bedeutet, daß sie durch Bewegung schon beim zartesten Windhauch Bereiche, die zu wenig Energie haben, mit Energie versorgen, z.B. in Ecken, wobei die Wirkung ganz ausgezeichnet ist.
Ich verwende in meinem Büro Kristallmobiles mit Federn, die sich bei jedem zartesten Windhauch (Öffnen der Türe) bewegen, dadurch hat sich das Chi in wichtigen Bereichen sehr stark verbessert.

Diese Mobiles werden daher sehr gerne für die Aktivierung von bestimmten Zonen verwendet, z.B. im Bereich Reichtum ein rotes Mobile zur Anhebung von Chi, oder im Bereich Partnerschaft ein Delphinmobile, um die Partnerschaftsenergie anzuheben. Beliebt sind auch Fischmobiles, die im Bereich Reichtum durch die Symbolik Fische ebenfalls für eine Anhebung der Energie sorgen.

Zimmerecke mit kleinem Tischchen mit Pflanzen und Zimmerbrunnen, darüber ein Mobile, daneben eine Stehlampe

● Eine weitere Funktion: Mobiles im Mittelpunkt eines Raumes dienen ebenfalls der Anhebung der Energie, sie können auch als Mittelpunktgestaltung verwendet werden.

● Mobiles eignen sich auch zur Entschärfung von Sha (zerstörerische Energie). Zum Beispiel baut sich in langen Gängen schädliche Energie auf, und diese kann durch Anbringung eines Mobiles in der Mitte zerstreut werden.

Nachstehend einige Bilder von Mobiles:

In Firmen sind Mobiles auch interessant, die die Mitarbeiter selbst aus den Produkten des Unternehmens basteln. Zum Beispiel ein Mobile aus Zahnrädern oder ein Mobile aus PVC-Profilen. Hier sind der Kreativität keinerlei Grenzen gesetzt!

In Schulen ist es ratsam, ein Mobile in der Mitte der Schulklasse anzubringen, das von den Schülern selbst gestaltet werden sollte.

Spiralen

Zu den westlichen Feng-Shui-Mitteln gehören Spiralen. Diese Spiralen gibt es erst seit kurzer Zeit, sie kommen in der östlichen Feng-Shui-Praxis nicht vor. Sie sind der DNS (Desoxyribonukleinsäure) nachgebildet, die Träger unserer Erbsubstanz ist.

Diese Spiralen erzeugen ein sehr gutes Energiefeld. Mittlerweile gibt es sie in den verschiedensten Größen, Materialien und Farben.

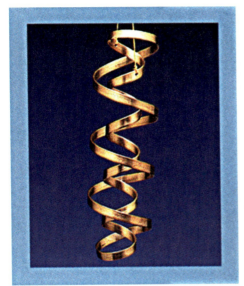

DNS-Spirale aus Messing, vergoldet

Regenbogen-Spirale

Pflanzen

Pflanzen haben nicht nur ein eigenes Bewußtsein, – empfohlen sei an dieser Stelle das faszinierende Buch von Peter Tompkins/Christopher Bird „Das geheime Leben der Pflanzen" –, sondern erzeugen auch Energie, was durch Armtest oder Pendel jederzeit erfahrbar ist.
Daher werden Pflanzen überall dort eingesetzt, wo Energie angehoben werden soll.

Günstig ist ihr Einsatz auch bei Treppenabsätzen. Da man durch das Stiegensteigen Energie verliert, ist es möglich, diesen Energieverlust durch Pflanzen an den Treppenaufsätzen wieder auszugleichen. Ebenfalls am Ende einer Stiege sehr empfehlenswert!

Symbolisch stellen Pflanzen im Bagua-Bereich Familie/Gesundheit die Gesundheit der Bewohner dar und sollten daher in diesem Bagua-Bereich (z.B. im Wohnzimmer) ganz besonders beachtet werden. Besonders gesunde, schöne Pflanzen können hier die Energie erhöhen.

Darüber hinaus stellt der Blick auf eine grüne Pflanze symbolisch den Blick auf Gesundheit dar. Daher wird empfohlen, in den einzelnen Gesundheitsbereichen des Hauses, z.B. im Badezimmer, ebenfalls eine grüne Pflanze zu plazieren.

Besondere Bedeutung haben Pflanzen natürlich in Branchen, die mit Gesundheit zu tun haben, wie Sanatorien, Gesundheitszentren, Arztpraxen, aber auch im Bereich Lebesmittelhandel und Erzeugung.
Besprechungsräume und Seminarräume sollten die nötige Energie ebenfalls durch Pflanzen bekommen.

Auch Blumen sind wichtige Energieerhöher, gemeint damit ist z.B. ein bunter Frühlingsstrauß (je mehr Farben umso besser). In Büros sollte im unmittelbaren Eingangsbereich immer ein frischer Blumenstrauß stehen. Dieser Strauß kann die Energie in diesem Bereich bis zu 200 % erhöhen und ist damit sowohl für Kunden als auch für die Angestellten besonders wichtig!

Achtung! Im Feng-Shui sind Trockenblumensträuße nicht besonders beliebt, weil der Blick nicht auf etwas Lebendiges sondern auf etwas Abgestorbenes/ Totes fällt.
Falls man sich von dem einen oder anderen nicht trennen kann, kann man die Situation verbessern durch intensive Farben (bei den Bändern oder sonstigen Verzierungen).

Auch gegen den Brautstrauß, der getrocknet aufbewahrt ist, gibt es keinerlei Bedenken. Wichtig ist nur, daß nicht zuviel Abgestorbenes in der Wohnung vorhanden ist.

Ich habe in meinem Büro einen Trockenblumenstrauß mit Kornähren stehen, und die Energie dieses Straußes wesentlich verbessert durch Verwendung eines roten Bandes und Hinzufügen von Seiden-Kornblumen.

Pflanzen-Tips:

Geben Sie Ihre Zimmerpflanzen möglichst in normale Blumenerde, denn dort leben Bakterien und Mikroorganismen, die jene Giftstoffe, welche die Pflanze aus der Luft aufnimmt, schneller abbauen.

Am besten nur Pflanzen mit runden Blättern verwenden, da spitze Blätter Angriffspfeile signalisieren, was sich durch Unruhe in ihrem Umfeld bemerkbar macht.

Achtung: Erkundigen Sie sich bei einem Fachmann über die speziellen Eigenarten der Pflanzen:

So wird von der Zimmerlinde berichtet, daß sie die Aura stärkt.
Der bei uns so beliebte Ficus benjamin kann Asthma oder Bronchitis-Anfälle auslösen, weil er bei Hitze ein entsprechendes Gas ausströmt.
Das gilt leider auch für manche Farnarten.
Bestimmte Pflanzen können Giftstoffe, wie Formaldehyd, Benzol, Trichloräthylen, besonders gut absorbieren und tragen daher wesentlich zur Luftverbesserung bei. Diese Giftstoffe kommen besonders vor in Möbeln und Reinigungsmitteln, Zigarettenrauch, Plastik, Farben und Lacken, Polituren, Klebstoffen. Sie machen sich bei uns bemerkbar durch Symptome wie Müdigkeit, Augenentzündung, Kopfschmerzen, Hautreizung.
In diesem Fall hilfreich sind Pflanzen wie Aloe Vera, Philodendron, Schefflera, Efeu, Chrysantheme, Gummibaum, Gerbera, Grünlilie, Bogenkraut.

Fische

Fische sind ein uraltes Symbol für Wohlstand, daher wird im Feng-Shui die Verwendung von Aquarien mit Fischen empfohlen, als besonders gute, anregende Bedeutung im Bereich Reichtum des Baguas aber auch im Bereich Karriere.

Goldfische haben selbstverständlich aufgrund ihrer Affinität zu Gold = Geld = Vermögen eine ganz besonders gute Wirkung.

Wasser

Unser Planet ist der sogenannte „blaue Planet" und besteht zu 75 % aus Wasser. Genauso verhält es sich auch mit unserem Körper. Wasser hat also eine überragende Funktion, es kommt ihm symbolisch die Bedeutung von Reichtum und Fülle zu.

Ein Aquarium im Bereich Reichtum des Büros oder im Bereich Reichtum des Wohnzimmers wirkt hier aktivierend.

Dazu gehört auch der Blick auf Wasser. Als Besitzer eines Hauses sollte man darauf achten, daß der Blick auf Wasser ein sehr wesentlicher Faktor ist. Nicht umsonst sind in New York die Büromieten in Häusern, die den Blick auf den Hudson River bieten, wesentlich teurer als in den anderen Gegenden.

Anläßlich einer Feng-Shui-Beratung bei einem Industriellen stellte ich fest, daß das Biotop vor seinem Haus veralgt, das Wasser trübe und schmutzig war. Ich machte meinen Kunden darauf aufmerksam, daß dies ein sehr negatives Symbol darstelle und daß das Gegenteil – nämlich das Symbol für Aufschwung und Reichtum – klares und fließendes Wasser sei. Zu diesem Zeitpunkt gingen die Geschäfte des Unternehmers sehr schlecht.

Als ich nach 6 Wochen wiederkam, sah ich, daß er meinen Rat sehr erst genommen hatte. Er hatte das Biotop vor seinem Haus um das Vierfache vergrößert und auch dafür gesorgt, daß das Wasser kristallklar war und die Zuführung des Wassers über einen Wasserfall erfolgte.

So unglaublich das auch klingen mag, aber seit diesem Zeitpunkt ging es mit der Firma steil bergauf, sodaß ich nach 2 Jahren mit der Feng-Shui-Planung eines Schlößchens (statt des normalen Einfamilienhauses) beauftragt wurde, das nun zu diesem wunderschönen Biotop passen sollte.

Im Feng-Shui sollte also kein stehendes Wasser sondern fließendes Wasser verwendet werden (ganz besonders Chi-anhebend sind Wasserfälle).

Auch Springbrunnen haben im Feng-Shui eine sehr wichtige Bedeutung, sie regen die Energie an. Im weiten Umkreis meines Heimatlandes gibt es sehr viele Klöster, die genau in der Mitte einen Springbrunnen zur Energieanhebung und Zentrierung haben.

Stift Melk

Springbrunnen dienen aber auch gleichzeitig als Schutz. Wenn zum Beispiel eine Straße in gerader Linie direkt auf ein Haus zuführt, so kann man mit Hilfe eines Springbrunnens einen Schutz vor dieser pfeilartigen Energie aufbauen.

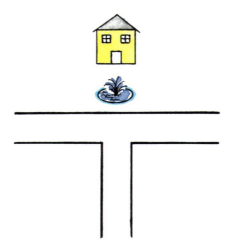

Schwere Objekte

Dazu gehören Steine oder Statuen.
Große Steine haben Yang-Charakter und dienen daher als Gegenstück, wenn zuviel Yin vorherrscht. Daher ist es sehr oft richtig, daß Biotope einen Quellstein haben. Hier ist ein echter Yin-Yang-Ausgleich gegeben.

Steine dienen aber auch der Harmonisierung von Grundstücken. Wenn ein Haus am äußersten Ende eines Grundstückes gebaut wird, ist es richtig, als Gegengewicht dazu am anderen Ende Steine zu plazieren.

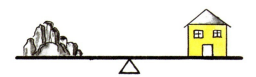

Licht

Wir Menschen und alle übrigen Lebewesen, einschließlich der Pflanzen, sind von der Sonne völlig abhängig. Das kam in der Vergangenheit durch verschiedene Sonnenkulte immer wieder zum Ausdruck. Diese Sonnenkulte sind wahrscheinlich der Ursprung aller Religionen. Das bedeutet, unser natürliches Bestreben ist zum Licht hin.

In unseren nördlichen Breitengraden bekommen wir permanent zu wenig Sonne. Für die Gesundheit wäre es zum Beispiel ganz besonders wichtig, daß wir jeden Tag 20 Minuten Sonnenschein genießen können, damit sich unsere Atome mit dieser Energie, die aus der Sonne kommt, anreichern können.

Einen Teil dieser Sonnenenergie nehmen wir auch über die Nahrung zu uns, daher ist es vorteilhaft, wenn ein Großteil unserer Nahrung aus Obst und Gemüse besteht (haben den größten Anteil an Sonnenenergie).

Leuchten sind wunderbare Instrumente, um die Energie in Räumen anzuheben, sie symbolisieren die Sonne. Man kann gar nicht genug Leuchten verwenden!

In unseren eigenen vier Wänden sollten wir darauf achten, daß es möglichst hell ist, wobei hier nicht die Lichtstärke maßgeblich ist (außer es handelt sich um unser Büro), sondern Licht sollte in verschiedener Intensität verwendet werden.

Beim Hauseingang sollten mindestens zwei Lichtquellen (rechts und links) vorhanden sein.

Das Vorzimmer sollte möglichst helles Licht aufweisen, das bedeutet wenn man abends ausgelaugt nach Hause kommt, wird man schon von Energie empfangen.

Im Wohnzimmer möglichst viele Lichtquellen verwenden, wobei die beste Beleuchtung die Direkt-Indirekt-Beleuchtung ist. Das heißt, es sollte Leuchten geben, die von oben nach unten leuchten, und verschiedenste Leuchtkörper (Stehlampen, Tischlampen), die von unten nach oben leuchten. An der Decke sollte sich nicht ein einheitliches, sprich fades Bild (Licht) ergeben, sondern die Zimmerdecke sollte den Himmel simulieren, und das heißt helle und dunkle Teile sollten einander abwechseln.

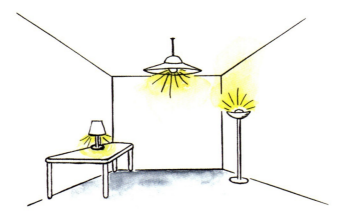

Direkt- und Indirekt-Beleuchtung

Bei zu niedrigen Räumen oder schweren Balken an der Decke wird massiver Einsatz von Indirekt-Beleuchtung (von unten nach oben) empfohlen.

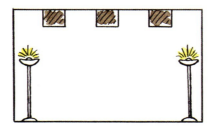

Stiegenaufgänge und der Bereich Treppen allgemein sollten sehr hell beleuchtet sein, da es hier zu einem Energieverlust kommt, der ausgeglichen werden sollte.

Speziell bei „offenen" Stiegen ist empfehlenswert, unterhalb der Stufen eine Leuchte und eventuell Pflanzen zur Energieanhebung einzusetzen.

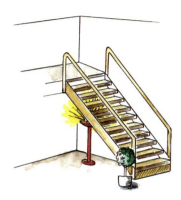

Ich sage in meinen Seminaren und Beratungen immer: Sparen Sie, wo Sie können und wollen, nur nicht bei der Beleuchtung Ihrer Wohnung oder Ihres Geschäftes!

Licht als Geschäftsbelebung:

Man kann in Fernost beobachten, daß an vielen Geschäftshäusern vier Scheinwerfer an den vier Ecken des Daches nach oben gerichtet sind, die dieses Licht in einem Punkt zusammenbündeln, sodaß hier ein Lichtdom gebildet wird, was sich sehr positiv auf den Geschäftsgang der darunter befindlichen Geschäfte auswirkt.

Wenn man Licht mit Energie gleichsetzt, dann kann man tatsächlich annehmen, daß diese Maßnahme ihre Wirkung nicht verfehlt.

Farben

Farben sind ein Ausdruck von Schwingung, daher werden Farben im Feng-Shui oft verwendet. Es ist heute jederzeit meßbar, daß zum Beispiel die Farbe rot eine ganz andere Schwingung hat als die Farbe blau.

In meinen Feng-Shui-Seminaren (Ausbildung zum qualifizierten Feng-Shui-Berater) trainiere ich im Zuge des Intuitionstrainings mit den Seminarteilnehmern, Farben mit verbundenen Augen mit den Handinnenflächen zu spüren, und nach einiger Zeit kann man tatsächlich den Unterschied zwischen den einzelnen Farben fühlen.

Probieren Sie's aus: legen Sie – mit verbundenen Augen – Ihre Hand abwechselnd auf eine blaue und eine rote Farbtafel (Farbkarton), und versuchen Sie den Unterschied festzustellen.

Farben im Raum

Das Interessanteste an den Farben ist, daß die den einzelnen Bagua-Bereichen zugeordneten Farben genau im entsprechenden Bereich eine besondere Intensität haben.

Ich vergesse nie die Feng-Shui-Beratung bei einem Industriellen, der mir in seinem Wohnzimmer ganz stolz ein Bild zeigte, das für mich aus blauen und weißen Klecksen bestand. Er war deswegen so stolz darauf, weil es sich dabei um einen berühmten Maler handelte und auch entsprechend teuer war. Dieses Bild war im Wohnzimmer im Bagua-Bereich Ruhm plaziert. Anläßlich der Feng-Shui-Beratung riet ich meinem Kunden, dieses Bild doch einmal in den Bereich Wissen zu plazieren – wegen seiner überwiegend blauen Farbe. Und siehe da: als er dieses Bild in diesem Bereich an die Wand hielt, begann das Bild zu leben! Es waren nicht weiße und blaue Kleckse, sondern man konnte plötzlich erkennen: das Blau ist das Mittelmeer und das Weiß sind Häuser in Griechenland, all das war wunderschön belebt und sehr dynamisch. Und es war für uns beide sehr ergreifend zu erfahren, wie wirksam die Farben in den zugehörigen Bagua-Bereichen tatsächlich sind.

Farben bei Fassaden

Eine besondere Bedeutung haben Farben auch bei der Gestaltung von Fassaden. Wichtig ist in diesem Zusammenhang, daß es einen Unterschied gibt zwischen der Gestaltung eines Wohnhauses und eines Geschäftshauses.

Bei einem Wohnhaus ist unbedingt darauf zu achten, daß die Farben mit dem persönlichen Element übereinstimmen, aber auch mit der Nachbarschaft und der Umgebung: Hier muß ein Kompromiß gefunden werden.

Bei einem Geschäftslokal achte ich bei meinen Beratungen bezüglich Fassadenfarben nicht zu sehr auf Harmonie mit der Nachbarschaft, sondern im Gegenteil auf „Spannung", weil es in der heutigen Zeit dringend notwendig ist, daß man mit seinem Geschäft auffällt. Natürlich darf die Spannung nicht so hart sein, daß sie negativ auffällt. Hier kann man mit Pastelltönen sehr viel verbessern, aber trotzdem sollte die Außenfassade eines Geschäftslokales einen bestimmten „Kick" haben.

Ein Unternehmer rief mich zu Hilfe, weil sein Geschäft nicht so richtig florierte. Dieses Geschäft hatte seinen Sitz an einer dicht befahrenen Straße, leider jedoch etwas zurückgesetzt, wobei diese Straße insgesamt einen sehr grauen Charakter hatte. Die Fenster und Türen waren in weiß gehalten (PVC-Profile), aus Kostengründen mußte dieses Weiß belassen werden.

Die Aufgabenstellung war, einen größeren Aufmerksamkeitswert zu erzielen.

Nach Besichtigung des Objektes schlug ich vor, ausgehend von weiß (Element Metall) die Farben rot und grün für die Fassade zu verwenden.

Wenn Sie einen Blick auf nachstehende Skizze der Elemente werfen, werden Sie feststellen, daß sowohl rot (Element Feuer) als auch grün (Element Holz) in Kontrast stehen zu weiß (Element Metall).

Bei der Fassadengestaltung achtete ich darauf, daß bei den Farben ein wunderschönes Frühlingsgrün verwendet wurde und ein eher dunkles Rot (Purpur), also ein eher etwas ruhiges Rot.

Der Erfolg war überwältigend. Das drückte sich nicht nur in einer vermehrten Kundenfrequenz aus, sondern auch darin, daß nachweislich der Bekanntheitsgrad dieses Unternehmens (es handelt sich um ein Einzelhandelsgeschäft) in der Stadt durch diese Farbgestaltung wesentlich gestiegen ist. Wenn man das nun in Relation zu den Kosten stellt, kann man wirklich sagen: ein voller Erfolg!

Der Besitzer eines Gasthofes in der Umgebung einer größeren Stadt wunderte sich, warum die Ausflügler, die am Wochenende zahlreich unterwegs waren, an seinem direkt an der Straße gelegenen Ausflugsgasthof nicht stehenblieben. Nach einem Lokalaugenschein war eigentlich alles klar. Der Gasthof war in einem Gelbton gehalten (Feng-Shui Element Erde), das kleine Dorf (besteht aus 12 Häusern), in dem dieser Gasthof gelegen ist, war ebenfalls ausschließlich in beige/braun-Tönen gehalten (ebenfalls Element Erde). Daher war für die vorbeifahrenden Gäste keinerlei Anreiz gegeben, diesen Gasthof überhaupt wahrzunehmen – noch dazu vom Auto aus!

Aufgrund dieser Tatsache stand fest, welche Maßnahmen zum Ziel führen werden. Ich schlug vor, die Fassade des Gasthofes in blau zu streichen (blau/weiß = Feng-Shui Elemente Wasser und Metall), und vor dem Gasthof einen sogenannten Schanigarten einzurichten, das heißt eine Sitzgelegenheit, die mit einem kleinen Holzzaun zur Straße hin abgegrenzt ist. Dieser Schanigarten sollte in einem intensiven Grün gehalten sein (Feng-Shui Element Holz). Beides stellt einen Kontrast zur dominanten Umgebung Erde (die übrigen Häuser dieses Ortes) dar.

Der Erfolg dieser Maßnahme war großartig: Es ist offensichtlich den Ausflüglern nun nicht mehr möglich, an diesem Gasthaus vorbeizufahren! An schönen Sommertagen geht das Geschäft so gut, daß manchmal sogar der Geschirrspüler eine zu kleine Kapazität aufweist.

RÜCKENSCHUTZ

Das Urprinzip Rückenschutz

Es gibt die Menschheit (als homo sapiens) seit ca. 3–4 Millionen Jahren, erst vor 10.000 Jahren wurde der Mensch seßhaft.

3–4 Millionen Jahre   10.000 Jahre

Das bedeutet, daß wir mit einem Prinzip ganz tief verwurzelt sind, nämlich dem Prinzip Rückenschutz. Millionen von Jahren hindurch suchten unsere Vorfahren des Nachts einen Schutz (idealerweise eine Höhle), um sich ungestört am Lagerfeuer zu erwärmen und zu schlafen, aber stets mit Blickrichtung Höhleneingang, weil es jederzeit sein konnte, daß ein wildes Tier ebenfalls ein Verlangen nach Schutz hatte und dem Menschen diese Höhle streitig machen konnte.

Dieses Schutzbedürfnis ist sehr stark in uns verankert. Beobachten Sie einmal in einem Kaffeehaus, einem Restaurant, welche Plätze stark belegt und welche kaum belegt sind … Beobachten Sie sich auch einmal selbst, an welchem Platz in einem Restaurant Sie sich geborgen fühlen, und an welchem Platz Sie nur so kurz wie möglich verweilen. Sie werden feststellen, daß Rückenschutz und Blickrichtung zur Tür zwei sehr wesentliche Faktoren zum Wohlfühlen sind.

Das gilt auch für die gesamte Wohnung. Das bedeutet, dort wo wir uns niedersetzen, dort wo wir relaxen (Wohnzimmer, Schlafzimmer, Kinderzimmer, ist der Rückenschutz ein sehr wesentliches Wohlfühlelement. Immer, wenn dieses Element fehlt, fehlt das entsprechende Wohlgefühl.

Besondere Bedeutung hat der Rückenschutz auch im Bürobereich. Bei Arbeitsplätzen ohne ausreichenden Rückenschutz kommt es zu einem Energieverlust von 30 %, das führt sehr oft zu Niedergeschlagenheit, Krankheit, Streßsymptomen, etc.

DER ÄUSSERE EINGANGSBEREICH

Der Eingangsbereich

Türen und Fenster eines Hauses sind symbolisch der Mund und die Augen des Hauses. Daher ist hier wichtig, daß die richtigen Proportionen gegeben sind. Die richtigen Proportionen für eine Eingangstür richten sich nach dem Gesamt-volumen des Hauses. Vom Gefühl her sollte diese nicht zu klein aber auch nicht zu groß sein.

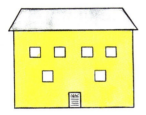

zu kleine Eingangstüre

zu große Eingangstür

Sehr bewährt hat sich, im unmittelbaren Eingangsbereich – rechts und links neben der Eingangstür – Pflanzen aufzustellen. Das gilt auch ganz besonders für Geschäftslokale!
Diese Maßnahme hat eine Doppelfunktion: Energiespender und Wächter!
Im Bereich Eingangstüre kann es sein (besonders bei Geschäftslokalen), daß man als Kunde/Besucher für einen kurzen Augenblick unsicher ist. Die Pflan-zen rechts und links bauen gerade in diesem Bereich Energie auf, sodaß die Ent-scheidung für das Eintreten wesentlich leichter fällt. Als Nebeneffekt bedeutet der Blick auf eine grüne Pflanze symbolisch der Blick auf Gesundheit, was dem Unterbewußtsein ein sehr positives Gefühl vermittelt.

Gleichzeitig symbolisieren diese zwei Pflanzen durch die Aufstel-lungsart rechts und links vom Ein-gang Wächter und somit Schutz.

Eine weitere Verbesserung kann erzielt werden durch Übertöpfe, die in einer zur Himmelsrichtung passenden Farbe gewählt werden.

Hier die zur Himmelsrichtung passenden Farben:

Osten	–	grün
Süden	–	rot
Westen	–	weiß
Norden	–	blau oder schwarz

Interessanterweise wirken die angegebenen Farben in der entsprechenden Himmelsrichtung ganz besonders positiv. Falls Sie eine nach Süden ausgerichtete Terrasse haben, werden Sie erkennen, daß die Pflanzen in den roten Übertöpfen hier am allerbesten wirken. Falls Sie eine Terrasse nach Norden haben, werden Sie wiederum feststellen, daß die blauen Übertöpfe am besten wirken, etc.

Lassen Sie sich bitte nicht von der Vernunft leiten, sondern von Ihrer Intuition.

Vor zwei Jahren bat mich ein Unternehmer, ein Feng-Shui-Konzept für sein neues Bürohaus zu erstellen. Aufgrund der örtlichen Gegebenheiten wurde festgehalten, daß sowohl im Süden als auch im Norden es zweckmäßig wäre, verschiedene Farben zu wählen. Darauf schlug ich vor, im Süden die Farbe rot zu verwenden und im Norden die Farbe grau. Der Geschäftsinhaber, der die oberste Aufsicht hatte, erklärte mir, daß er das nicht logisch fände, denn gerade im Süden sei ja genügend Sonne und genau im Norden fehle sie. Daher wäre es doch logischer, wenn man in den Norden die Farbe rot und im Süden die Farbe grau einzubringen. Ich erklärte ihm, daß Feng-Shui aus der Erfahrung entstanden ist und nicht aus der Logik. Es wurde einfach über tausende von Jahren beobachtet, welche Maßnahmen, welche Farbe, etc. in welcher Richtung wohltuend sind und in welcher Richtung nicht.

Als westlicher Linkshirndenker (wir haben uns im Westen seit 500 Jahren auf die linke Gehirnhälfte beschränkt), war er für diese Erfahrung nicht zugänglich, und er bestand darauf, daß die Farbgebung nach seinem Willen auszuführen sei. Ich legte daraufhin meine Feng-Shui-Beratung zurück. Das Endergebnis war entsprechend: Der Bau sieht scheußlich aus! Die Disharmonie ist auch von Menschen spürbar, die sich bisher nicht mit Feng-Shui beschäftigt haben.

Ich empfehle, immer an der Eingangstür (besonders bei Wohnungen) einen Türkranz zu verwenden. Ein Türkranz symbolisiert einen Kreis. Der Kreis ist ein uraltes Symbol für Unendlichkeit.

Grüne Türkränze bedeuten gleichzeitig den Blick auf Gesundheit. Schleifen und Dekorationsmittel sollten in der Farbe der Himmelsrichtung gewählt werden. Das alles zusammen ergibt ein Signal an das Unterbewußtsein: Hier komme ich nach Hause, in einen Hort des Friedens, der Harmonie, des Relaxens.

Vorzimmer, Diele

Dieser Bereich vermittelt den ersten Eindruck und sollte daher idealerweise groß, hell und freundlich gestaltet sein.

Hier ist besonders auf viel Licht zu achten. Sie sollten am Abend, – nach einem anstrengenden Berufstag –, nach Öffnen der Eingangstüre in einen strahlend hellen Raum kommen, der Sie als Begrüßung wieder auflädt. Ich empfehle daher bei Neuplanungen eher teure Materialien zu verwenden.

In diesem Bereich kann auch großzügig mit Spiegeln umgegangen werden. Speziell in Wohnungen, die oft einen sehr engen, kleinen Eingangsbereich haben, sollte mit Spiegeln nicht gespart werden. Sehr oft empfehle ich bei kleinen engen Eingängen, eine ganze Wand zu verspiegeln (siehe auch Seite 103).

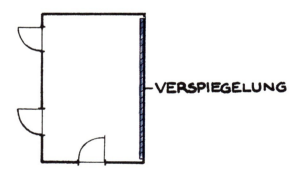

VERSPIEGELUNG

Wichtig ist nunmehr auch die Frage: Worauf fällt mein erster Blick? Idealerweise sollte der erste Blick nicht auf die (meist unordentliche) Garderobe fallen, sondern ideal ist, wenn der erste Blick auf eine Sitzgelegenheit fällt (Ohrensessel etc.), sodaß das erste Signal Gemütlichkeit darstellt.

Bitte zu beachten: Das Chi für das ganze Haus kommt symbolisch hauptsächlich bei der Eingangstüre herein, daher ist es ganz besonders schlecht, wenn sich gegenüber der Eingangstüre ein Spiegel befindet, weil hier die Gefahr besteht, daß positive Energie durch den Spiegel gleich wieder zurückgeleitet wird, und somit zu wenig Chi ins Haus gelangt.

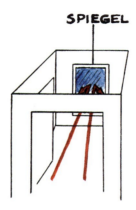

schlecht:
Spiegel gegenüber Eingangstür

Ebenfalls sollte sich die Toilette nicht direkt gegenüber der Eingangstüre befinden. Das deutet auf eine schlechte gesundheitliche Situation der Bewohner hin.

Als Farbe kommen für den Eingangsbereich helle Pastelltöne in Frage.

Dunkle Möbel, schwere Möbel, auch wenn es die Erbstücke der Groß- oder Urgroßmutter sind, sollten zumindest in einem kleinen Vorzimmer keinen Platz finden.

Das Wohnzimmer

Das Wohnzimmer stellt symbolisch den Mittelpunkt des Hauses dar und sollte daher auch einen eindeutig erkennbaren Mittelpunkt besitzen. Dieser sollte auf jeden Fall frei und nicht verstellt sein. Ein Mittelpunkt kann gebildet werden durch einen Teppich, durch eine schön gestaltete Beleuchtung, eine Deckenrosette, eine Bemalung an der Decke, etc.

Idealkonstellation ist, wenn die Sitzgarnitur im Bereich Ehe/Kommunikation plaziert ist (vom Eingang aus gesehen rechts hinten), und wenn die Eßgarnitur im Feng-Shui Bereich Reichtum (vom Eingang aus gesehen links hinten) plaziert ist. Wichtig bei einer Sitzgarnitur ist Rückenschutz und Blick zur Tür.

Im Wohnzimmer empfehle ich auch den Bereich Reichtum besonders zu betonen durch einen Zimmerbrunnen (vom Eingang aus gesehen links hinten), dazu noch entsprechende Pflanzen (Blick auf Wachstum) und sonstige Feng-Shui-Symbolik, z.B. schwarze Schale mit roter Serviette und goldenen Früchten, oder ein entsprechendes Mobile in rot, eine Spirale, ein Bild das Reichtum ausdrückt (möglichst roter Rahmen). Zusätzlich eine Beleuchtung (Stehlampe), und auch einen oder mehrere Kristalle an einem roten Band.

Eßgarnitur im Reichtumsbereich,

Sitzganitur im Bereich Ehe,

Pflanzen im Gesundheitsbereich,

Teppich als Mittelpunkt

Als Symbol für Erde ist für die Wände die Grundfarbe sonnengelb sehr wohltuend. Falls diese Farbe nicht zum persönlichen Element der Bewohner paßt, sollten hier die Farben der persönlichen Elemente aller Familienmitglieder eingebracht werden.

Die Küche

Die Küche stellt symbolisch den Reichtum des Hauses dar. Die ideale Küche im Feng-Shui ist daher groß und sehr gemütlich. Idealposition im Bereich Reichtum des Hausgrundrisses.

Dem Herd kommt eine besondere Bedeutung zu. Auch hier gilt wieder der wichtige Hinweis auf Rückenschutz beim Kochen. Falls dieser nicht gegeben ist und der Koch/die Köchin mit dem Rücken zur Tür steht, so ist es notwendig einen Spiegel so anzubringen, daß damit die Tür eingesehen werden kann. Man muß dabei nicht nur an einen Spiegel denken, es kann auch eine Glaskugel sein, in der sich die Eingangstür spiegelt, oder ein Zettelkasten der verspiegelt ist, oder auch ein blankpolierter Topf der so aufgehängt wird, daß sich die entsprechende Spiegelung ergibt (siehe dazu Seite 104).

Falls in einer Küche die Abwasch und der Herd nebeneinander stehen, bedeutet das eine hohe Spannung (Wasser und Feuer).
Bei modernen Küchen kommt es nur mehr sehr selten vor, daß die Elemente Wasser und Feuer direkt nebeneinander plaziert sind. Falls dies trotzdem der Fall ist, gibt es zwei Möglichkeiten zur Entschärfung:

1. Das verbindende Element zwischen Wasser und Feuer ist Holz, daher sollte zwischen diesen beiden (Herd und Abwasch) ein Blumenstock aufgestellt werden (entspricht dem Prinzip Holz).

2. Oder es sollte ein Gegenstand aus Holz, z.B. Kochlöffel aufgehängt werden.

Wenn Sie sich nicht vorstellen können, daß diese so einfach anmutenden Maß-nahmen eine Bedeutung haben, dann kann ich Ihnen versichern, daß mich zahlreiche Absolventinnen meines Feng-Shui-Grundkurses angerufen haben, die bestätigten, daß nach Durchführung dieser Maßnahme seither keine Ver-letzungen in der Küche mehr aufgetreten sind!

Bei der Küche sowie bei allen anderen Räumen ist unbedingt darauf zu achten, daß sowohl bei den Möbeln als auch bei der Dunstabzugshaube keine scharfen Ecken und Kanten vorhanden sind. Diese müßten in jedem Falle abgedeckt werden.

Die Küche wird dem Element Feuer zugeordnet, daher ist es empfehlenswert, das Element Feuer – zumindest in Farbtupfern – in die Küche einzubringen (Rottöne). Gleichzeitig sollte aber das Element Feuer nicht überwiegen, das heißt keine rote Küche. Eine blaue Küche ist im Feng-Shui nicht empfehlens-wert, da sie das Symbol Wasser repräsentiert (Wasser löscht Feuer) und daher in zu krassem Gegensatz zum ursprünglichen Element, dem Feuer, steht.

Bei Neuplanungen empfehle ich, die Küche möglichst großzügig zu gestalten, und in der Küche eine Eßecke einzuplanen. Erfahrungsgemäß werden Eßecken, die in Küchen situiert sind, von den Bewohnern sehr gut angenommen. Sehr oft ist das eigentliche Kommunikationszentrum eines Hauses die Küche, in der die Kinder Aufgaben machen, die ganze Familie beim Essen und beim Frühstück zusammensitzt, plaudert, miteinander spielt, etc.

Aufgrund der verschiedenen Energiequalitäten sollten Küche und Toilette nie-mals einander gegenüberliegen oder nebeneinanderliegen.

Das Schlafzimmer

Dem Schlafzimmer kommt besondere Bedeutung zu, da wir hier ein Drittel unseres Lebens verbringen. Gleichzeitig ist das Schlafzimmer der wichtigste Ort zur Regenerierung, das heißt das Schlafzimmer muß unbedingt von allen Störeinflüssen befreit sein, da der Schlaf der Wiedererlangung aller Kräfte dient. Beim Schlafen findet das Herunterschalten unseres Gehirnes und das Eintauchen in das Unterbewußtsein statt. Das ist ein besonders wichtiger und lebensspendender Vorgang, der nicht von Störfaktoren beeinflußt werden sollte.

Unser Gehirn arbeitet normalerweise mit einer Frequenz (Schwingung) von 13 bis 30 Hertz (Betawellen). In der sogenannten Tiefschlafphase reduziert das Gehirn seine Schwingung auf Tetawellen (8–4 Hertz) und im Tiefschlaf auf Deltawellen (4–1 Hertz). Dieser Vorgang ist eine lebenswichtige Erholung unseres Gehirns und unseres gesamten Organismus und funktioniert nur, wenn wir nicht in einem elektrischen Feld liegen und auch nicht von Wasseradern oder Erdverwerfungen beeinflußt werden. Daher ist es wichtig, das Schlafzimmer auf Wasseradern und Erdstrahlungen zu untersuchen.

Im Schlafzimmer haben keine elektrischen Geräte etwas zu suchen (Aufbau von elektromagnetischen Feldern). In unserer modernen Welt sind wir den ganzen Tag von elektromagnetischen Feldern umgeben (Computer, Radio, Fernsehgeräte, Küchengeräte, Küchenherd, Auto, etc.). Diese haben eine negative Auswirkung auf unser eigenes elektromagnetisches Feld. Wir sind diesem „Bombardement" den ganzen Tag ausgeliefert. Wenigstens in der Nacht sollten wir unserem Körper die Chance geben, sich wieder zu reaktivieren und zu erholen. Daher wird dringend empfohlen, im Schlafzimmer einen sogenannten Netzfreischalter einzubauen, sodaß der Körper wenigstens nachts von diesen Störfaktoren befreit ist.

In der Wand am Kopfende des Bettes sollten sich auch keine Wasserrohre befinden, das wirkt sich sehr ungünstig auf die Gesundheit der Bewohner aus.

Auch auf Spiegel sollte man im Schlafzimmer verzichten. Spiegel bauen Energie auf und können vorhandene Energien verstärken, und das bedeutet, daß die für das Gehirn benötigte Abschaltphase durch den Einsatz von Spiegeln behindert wird. Dies wirkt sich insgesamt auf den Energiehaushalt des Menschen sehr schlecht aus.

Über dem Bett sind Verbauten verpönt. Deckenbalken oder Bettverbauten bedeuten für das Unterbewußtsein eine permanente Bedrohung und lassen es nicht ausschalten und abschalten, sodaß es auch hier zu keiner Regeneration kommen kann.

In so einem Fall wird empfohlen, die Deckenbalken oder Überbauten rasch zu entfernen. Aus der Erfahrung heraus kommt es genau in jenen Bereichen, wo ein Überbau besteht, zu den entsprechenden Erkrankungen der Organe.
Falls eine Entfernung nicht möglich ist, sollte der Balken wenigstens abgedeckt werden, zum Beispiel durch ein einen luftigen Seidenstoff.

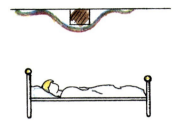

Auch bei der Beleuchtung im Schlafzimmer darauf achten, daß der Beleuchtungskörper nicht drohend über dem Bett schwebt.

Für die Plazierung des Bettes gilt es Folgendes zu berücksichtigen:

1. Rückenschutz
2. Blickrichtung zur Tür

Die allgemein empfohlene Schlafrichtung: Kopf im Norden und Füße im Süden. Dies deshalb, weil es die Nord-Süd-Polarisierung gibt, und unser Kopf den Nordpol und unsere Füße den Südpol darstellen. Wenn möglich (bei Neuplanungen) ist es noch besser, wenn der Kopf in der Himmelsrichtung plaziert ist, die dem persönlichen Element entspricht (in diesem Fall zählt die Blickrichtung).

Die ideale Farbe im Schlafzimmer ergibt sich aus den Farben der persönlichen Elemente der Bewohner.
Bei entgegengesetzten Elementen des Paares sollte hier die dazu passende ausgleichende Farbe verwendet werden.

Beispiel: Frau = Element Wasser (blau), Mann = Element Feuer (rot), ausgleichendes Element = Holz (grün).

Ebenfalls bewährt hat sich ein pastelliges Lachsrot als leicht anregende Farbe.

Ideales Material für die Schlafzimmermöbel: Naturholz, ohne metallische Verbindungen.

Das Kinderzimmer

Für das Kinderzimmer gelten die gleichen Kriterien wie beim Schlafzimmer, das bedeutet Rückenschutz, Blickrichtung zur Tür, Beachtung von Wasser- und Erdstrahlen, Netzfreischalter verwenden (alle Elektrogeräte wie Computer, Stereoanlagen etc. bauen schädliche elektromagnetische Felder auf).

Im Kinderzimmer ist ein deutlich erkennbarer Mittelpunkt besonders wichtig, dadurch werden Kinder zentrierter, ausgeglichener. Dieser Mittelpunkt kann gestaltet werden durch einen Teppich oder durch einen Kreis im Mittelpunkt, durch ein Mobile, durch eine Bemalung des Mittelpunktes an der Decke.

Die ideale Wandfarbe ergibt sich aus dem persönlichen Element des Kindes. Ebenfalls bewährt hat sich die Farbe grün (frühlingsgrün). Die Farbe grün entspricht dem Osten, der aufgehenden Sonne und dem heranreifenden Leben.

Insgesamt sollte das Zimmer farbenfroh gestaltet sein.

Weiters ist darauf zu achten, daß die Möbel nicht allzu wuchtig gewählt sind, damit die Größenverhältnisse stimmen.

Wenn der Sprößling zur Schule geht, dann kommt der Schreibtischposition eine sehr wesentliche Bedeutung zu. Schlechtestmögliche Position siehe nachfolgende Skizze:

schlechtestmögliche Schreibtischposition

Das heißt, der Schreibtisch steht unmittelbar am Fenster, Blickrichtung aus dem Fenster, die Tür im Rücken. Das ist eine Konstellation, bei der sichergestellt ist, daß der Sprößling **nicht** lernen kann.

Richtige Aufstellung des Schreibtisches laut nachfolgender Skizze in Schräg-
stellung (Bagua-Stellung), Rückenschutz, Blickrichtung Tür.

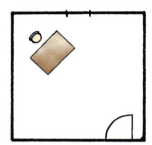

Richtige Schreibtischposition

In Kinderzimmern ist besonders wichtig, daß keine Balken über dem Bett die
Gesundheit des Kindes beeinträchtigen.

Vor einigen Jahren wurde ich in unserer Nachbarschaft zu Hilfe gerufen. Eine
Familie war neu in unsere Gegend gezogen, in ein Bauernhaus. Das Kind hatte
nicht nur diese Umstellung zu verkraften sondern besuchte nun auch eine neue
Schule. Seit der Übersiedlung konnte es nicht mehr schlafen – mit den entsprechenden nervösen und erschöpften Auswirkungen während des Tages.

Eine Besichtigung des Kinderzimmers ergab, daß ein Holzbalken quer über das
Bett verlief. Eine wichtige Feng-Shui-Maßnahme ist in so einem Fall diesen
Balken zu verdecken, sodaß das Unterbewußtsein, das diesen Balken als Bedrohung empfindet, nunmehr beruhigt abschalten kann. Im gegenständlichen
Fall war dies durch ein Seidentuch (in Regenbogenfarben) möglich, das locker
über den Balken gehängt wurde und diesen somit verdeckte. Das Kind fand ab
diesem Tag wieder seinen normalen Schlaf und hatte seither nie mehr Schlaf-
störungen.

Eßzimmer

Dieser Bereich bekommt bei modernen Planungen immer geringere Bedeutung, da das Eßzimmer meistens in das Wohnzimmer oder in die Küche integriert ist.

Bei bestehenden Eßzimmern sollte man auf möglichst helle oder dunkle Farben achten – die Farbe weiß oder beige ist hier ganz besonders gut geeignet, ebenso das Gegenteil, die Farbe Schwarz.

Außerdem sollten in diesem Bereich möglichst viele Spiegel verwendet werden.

Je öfter sich das Essen, das schöne Gedeck, die schöne Dekoration spiegelt, umso besser.

Der ideale Eßzimmertisch ist oval (keine Ecken und Kanten!).

Bad und Toilette

Generell sollte man bei Bad- und Toilettentüren außen einen Spiegel (am besten Bagua-Spiegel) anbringen.

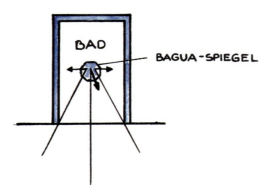

Dieser hat die Aufgabe, die positive Energie der Wohnräumlichkeiten davon abzuhalten, in Bad und Toilette zu gelangen, weil es in diesen Bereichen zu einem Energieabfluß kommt. Das Element Wasser (Symbol für Reichtum) wird in diesen Bereichen verunreinigt und aus dem Haus geleitet.

Wenn möglich sollten Bad und Toilette getrennt sein.

Die ideale Farbe im Badezimmer entspricht dem Element Wasser und ist daher blau. Unterstützung bekommt blau durch die Farbe weiß (Element Metall). Hier gibt es zahlreiche Variationsmöglichkeiten, z.B. weiße Bodenfliesen und blaue Badewannen und Armaturen, oder weiße Wandfliesen mit blauer Verfugung, oder blaue Fliesen mit weißer Verfugung.

Im Bad sollte unbedingt auch ein Hinweis auf Gesundheit gegeben sein, falls möglich eine schöne Grünpflanze verwenden.

Bei einer Neuplanung ist darauf zu achten, daß das Badezimmer nicht im Innenbereich der Wohnung installiert wird, sondern ein Außenfenster haben sollte. Besonders schlecht wirkt sich die Position von Bad und Toilette im Zentrum des Hauses/der Wohnung aus: dies führt langfristig zu gesundheitlichen Problemen.

Möglichst großflächige Spiegel verwenden (keine Spiegelfliesen = zerstückelte Energie) und für helle Beleuchtung sorgen.

Günstig ist es auch, im Badezimmer so viele Farben wie möglich einzubringen, da wir uns zu Beginn und am Ende des Tages darin aufhalten, und uns Farben dabei zu wertvoller Energie verhelfen können.

Toilette:

Bei der Toilette ist stets darauf zu achten, daß der WC-Deckel geschlossen ist, damit symbolisch die abfließende Energie verdeckt wird.

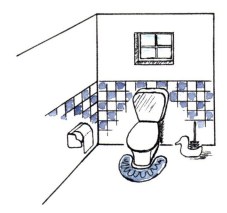

Sollte das WC baulicherseits sehr klein ausgefallen sein, dann nicht bis obenhin verfliesen, sondern das obere Drittel freilassen und in einem Pastellton streichen, der zum Element Wasser paßt, das bedeutet entweder im Element Wasser (pastellblau) oder im unterstützenden Element Metall (weiß).

DACHSCHRÄGEN

Sie werden in fast jedem Feng-Shui-Buch die Warnung vor Dachschrägen vorfinden.

Ich kann Sie für meinen Teil beruhigen; diese Hinweise entsprechen sehr oft nicht der Realität. Aus meiner Praxis kann ich sagen, daß es sowohl Dachschrägen gibt, die sich tatsächlich sehr negativ auswirken, als auch Dachschrägen, die man als eher angenehm empfindet.

Meine Erfahrung ist, daß eine Dachschräge, die bereits am Boden beginnt, tatsächlich negative Auswirkungen hat, weil hier das Energiesystem des ganzen Raumes empfindlich gestört wird. Unbewußt hat man in solchen Räumen auch immer Angst, sich den Kopf anzurennen. Außerdem ergeben sich viele spitze Winkel, in denen die Energie stagniert bzw. in denen sich Sha-Chi aufbaut (negatives Chi).

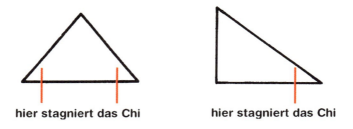

hier stagniert das Chi   **hier stagniert das Chi**

Je weiter weg die Dachschräge vom Boden aus beginnt (aus meiner Erfahrung Mindestabstand 1,4 m), umso besser, weil in diesem Fall die Dachschräge wie eine Kuppel wirkt, und das erinnert uns wieder an eine kuschelige Höhle unserer Vorzeit (ist auch gleichzeitig die Andeutung eines Baguas).

wie eine Höhle in unserer Vorzeit

Was tun bei Dachschrägen?

Wenn die Dachschräge bereits am Boden beginnt, wird – falls es baulicherseits möglich ist – empfohlen, bis 1,4 m oder noch höher mit einem Schrankverbau auszugleichen (Staufläche).

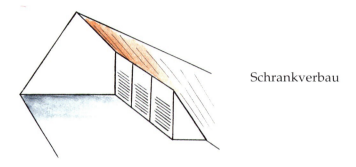

Schrankverbau

Falls dies nicht möglich ist, sollte unmittelbar am Beginn einer Dachschräge auf keinen Fall ein Bett aufgestellt werden, das wäre eine bedrückende Situation für das Unterbewußtsein des Schlafenden.

Feng-Shui Maßnahmen zum Ausgleich von Dachschrägen:

1. Möglichst viel Licht verwenden, das von unten nach oben leuchtet und damit der Schräge Leichtigkeit vermittelt.

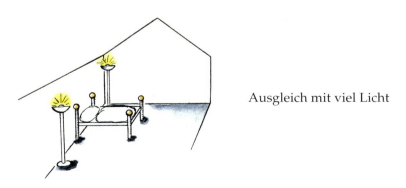

Ausgleich mit viel Licht

2. Am Beginn der Dachschräge Pflanzen aufstellen. Bekanntlich produzieren Pflanzen Energie, die besonders deutlich oberhalb der Pflanzen wahrgenommen werden kann. Diese Energie soll an den Dachschrägen entlangstreichen und ihnen damit die Schwere nehmen.

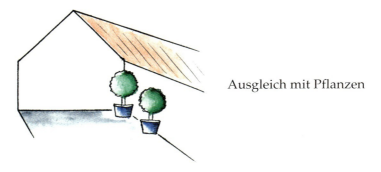

Ausgleich mit Pflanzen

3. Verwendung von Kristallen. Es sollte am Beginn der Dachschräge, (horizontal entlang), links, rechts und in der Mitte je eine Kristallkugel angebracht werden.

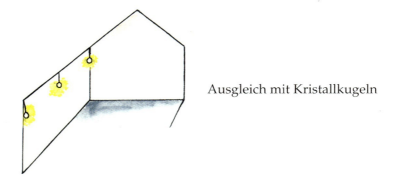

Ausgleich mit Kristallkugeln

4. An der Dachschräge zwei Flöten (= chinesische Lösung) in Bagua-Stellung anbringen, wobei die Flöten ein Feng-Shui-Maß aufweisen sollten, und der Abstand zwischen den Flöten ebenfalls ein günstiges Feng-Shui-Maß haben sollte. Das Mundstück sollte unten sein, sodaß die Energie ungehindert von unten nach oben ziehen kann.

5. In Räumen mit Dachschrägen unbedingt Bilder verwenden, die das Emporsteigen repräsentieren, wie Luftballons die in die Höhe streben, Bilder mit Ballonfahrern, Aufnahmen mit Flugzeugen, Vogelschwarm, etc.

FENG-SHUI-MASSE

Im Feng-Shui benützt man ein eigenes Maß-System, das in der nachstehenden Tabelle ersichtlich ist.

Das Interessante daran ist, daß Gegenstände, die in Feng-Shui-Maßen hergestellt wurden, gegenüber Gegenständen in herkömmlichen Proportionen wesentlich harmonischer wirken.

Dazu ein Beispiel aus der Praxis:

Einer meiner Kunden, der ein Uhrengeschäft betreibt, stellt in diversen Kaufhäusern, meistens in der Schmuckabteilung, Vitrinen mit seinen Uhren auf. Natürlich ist es wichtig, daß diese Vitrinen besonders schön gestaltet und ausgeleuchtet sind, damit die ausgestellten Uhren bestens zur Geltung kommen.

Anläßlich einer Neuanschaffung von Vitrinen ließ er ein Modell in Feng-Shui-Maßen herstellen. Dieses Modell unterschied sich in der Höhe um 2,65 cm und in der Breite um 0,5 cm von den bisherigen Vitrinen. Jetzt waren aber Länge, Breite und Höhe im Feng-Shui-Maß.

Ein Test ergab: Wenn bisherige und neue Vitrinen nebeneinandergestellt wurden und Kunden befragt wurden, welche Variante ihnen besser gefällt, dann entschieden sich alle für die mit Feng-Shui-Maßen gebaute Vitrine.

Das Schöne dabei ist: es kam durch die Verwendung des neuen Modells zu einer wesentlichen Steigerung des Umsatzes.

Ein weiteres Beispiel:

Anläßlich einer Feng-Shui-Beratung bei einem Unternehmen mit achtzig Angestellten stellte ich unter anderem fest, daß die Türschilder, die seitlich vor den Büroeingängen angebracht waren, ein sehr ungünstiges Maß aufwiesen.

Darufhin erklärte sich der Firmeninhaber spontan bereit, die vorhandenen Türschilder gegen solche mit Feng-Shui-Maßen auszutauschen.

Nach etwa 6 Wochen kam ich wieder in diese Firma, um zu kontrollieren, ob die bereits durchgeführten Feng-Shui-Maßnahmen das gewünschte Ergebnis gebracht haben.

Gleich beim Eintreten in das Firmengebäude fiel mir auf, daß die Energie in den Gängen wesentlich besser war als vorher – das galt sowohl für den ersten als auch für den zweiten Stock. Ich konnte mir zuerst gar nicht vorstellen, woher diese Verbesserung kam, da in den Gängen nichts verändert wurde, sondern bis jetzt die Büros nach Feng-Shui-Kriterien umgestaltet wurden.

Bis mir dann voll Stolz ein Angestellter die neuen Türschilder zeigte, die nicht nur im Feng-Shui-Maß ausgeführt waren, sondern auch in Bagua-Form gehalten waren.
Das also war der Grund für die spürbare Verbesserung der Energie!

Ich könnte noch sehr viele Beispiele anführen, die für die positive Wirkung der Feng-Shui-Maße stehen.

Wichtiger Hinweis:

Machen Sie aber bitte nicht den Fehler, daß Sie jetzt Ihre gesamte Wohnung daraufhin kontrollieren, ob alle Möbel, alle Fenster, alle Türen den Feng-Shui-Maßen entsprechen. Das würde wahrscheinlich Ihr bisheriges neutrales Wohlgefühl ungünstig beeinflussen. Ich empfehle lediglich bei **Neuanschaffungen** darauf zu achten, daß diese in Feng-Shui-Maßen gehalten sind.

Es gilt hier, wie bei allen anderen Feng-Shui-Maßnahmen: Wenn man eine Maßnahme durchführt, weil man erkannt hat, daß es gut tut, dann ist das positiv. Wenn man aber eine Maßnahme durchführt, weil man sich vor etwas fürchtet, wie zum Beispiel das falsche Maß bei seinen Fenstern und Türen zu haben, dann kehrt sich das ins Negative und das heißt, man geht am Sinn einer solchen Sache vorbei.

Feng-Shui-Maße

0,	bis	**5,4 cm:**	**Reichtum**
5,5	bis	10,7 cm:	Krankheit, Intrigen
10,8	bis	16,1 cm:	Trennung, Lügen
16,2	bis	**21,4 cm:**	**Gerechtigkeit, Förderung, Unterstützung**
21,5	bis	**26,8 cm:**	**Kraft, Energie, gutes Gelingen**
26,9	bis	32,1 cm:	Pech, Unglück, Raub
32,2	bis	37,5 cm:	Verletzung, Unfall, Schaden
37,6	bis	**42,9 cm:**	**Geld, Geldangelegenheiten, Ursprung**

Alle 43 cm wiederholen sich die positiven und negativen Abschnitte.

43,0	bis	**48,4 cm:**	**Reichtum**
48,5	bis	53,7 cm:	Krankheit, Intrigen
53,8	bis	59,1 cm:	Trennung, Lügen
59,2	bis	**64,4 cm:**	**Gerechtigkeit, Förderung, Unterstützung**
64,5	bis	**69,8 cm:**	**Kraft, Energie, gutes Gelingen**
69,9	bis	75,1 cm:	Pech, Unglück, Raub
75,2	bis	80,5 cm:	Verletzung, Unfall, Schaden
80,6	bis	**85,9 cm:**	**Geld, Geldangelegenheiten, Ursprung**

Das magische Quadrat

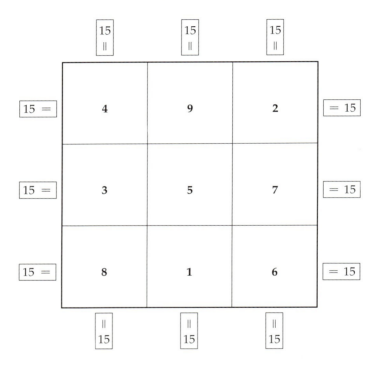

Es ist bei uns seit dem Mittelalter bekannt – das magische Quadrat. Hier ergibt sich wieder die ganz erstaunliche Parallele des Westens zum Osten. Die Anordnung der Energien des Baguas ergeben ein magisches Quadrat, in dem die Quersumme, egal von welcher Seite man zusammenzählt, immer die Zahl 15 ergibt.

Der Ursprung dieser Anordnung geht auf den chinesischen Kaiser Fu Hsi zurück, der vor tausenden von Jahren intuitiv diese Anordnung am Rücken einer Schildkröte gesehen hat.

Mit Hilfe des Baguas und dessen magischem Quadrat ist es auch möglich, den persönlichen roten Lebensfaden besser zu erkennen, zumindest einige Denkanstöße dazu geliefert zu bekommen.

Wenn Sie Ihre persönliche Elementezahl (Kua-Zahl) kennen, dann sehen Sie auf dem magischen Quadrat einmal nach, in welchem Bereich sich Ihre persönliche Zahl befindet.

Die persönliche Elemente-Zahl 1 –
Karriere (Wasser):

heißt, daß Ihr roter Faden darin besteht, daß Sie einen ganz bestimmten Weg gehen müssen, daß sich eventuell in Ihrem Leben sehr vieles laufend verändert, daß also Ihr großes Lebensmotto Veränderung darstellt, oder daß es in diesem Leben für Sie ganz besonders wichtig ist, Karriere zu machen bzw. sich ein Geschäft aufzubauen, oder auch nur zu beweisen, was in Ihnen steckt.

Die persönliche Elemente-Zahl 8 –
Wissen (Berg):

bedeutet, daß Sie sich mit dem Bereich Wissen auseinandersetzen sollten, daß der Bereich Persönlichkeitsentwicklung einen ganz besonderen Stellenwert in Ihrem Leben hat, auch Meditation und Kontemplation (Innenschau) sind sehr wesentliche Aspekte. Ein wichtiges Thema könnte in diesem Zusammenhang auch die Einsamkeit sein (symbolisch der Berg).

Die persönliche Elemente-Zahl 3 –
Familie/Gesundheit (Donner):

heißt, daß das Familienleben für Sie einen ganz besonderen Stellenwert besitzt, Gesundheit ein sehr wichtiges Thema in Ihrem Leben darstellt, und die Beziehung zu Ihren Vorfahren oder der schwierige Umgang damit einen ganz wichtigen Aspekt Ihres Lebens ausmacht.

Die persönliche Elemente-Zahl 4 – innerer/äußerer Reichtum (Wind):

könnte bedeuten, daß Sie sich verstärkt mit dem Fließen des Lebens identifizieren und auseinandersetzen, daß Ihr Leben automatisch aus einem natürlichen Wohlstand besteht, oder auch entgegengesetzt, daß Sie sich ununterbrochen um Wohlstand bemühen müssen, – wobei Wohlstand nicht mit Geld zu übersetzen ist, sondern daß alles im Leben zum Wohle steht.

Die persönliche Elemente-Zahl 9 – Ruhm/Stand/Bekanntheitsgrad (Feuer):

entspricht auch dem Thema Erleuchtung, das Ende der Reise. Das würde bedeuten, daß Sie entweder mit dem Thema Bekanntheitsgrad zu tun haben, – positiv als sehr bekannter Geschäftsmann oder Politiker, negativ als jemand, der sich ununterbrochen um Bekanntheitsgrad bemühen muß.

Dahinter steht auch die Auseinandersetzung mit den letzten Dingen des Lebens, letztendlich soll ja am Ende unseres Lebens die Reise ins Licht gehen. Interessant ist, daß Menschen, die bereits „drüben" waren, übereinstimmend berichten, daß sie durch einen dunklen Tunnel direkt ins Licht gegangen sind. Licht bedeutet im übertragenen Sinn eine höhere Schwingung, das heißt unsere Lebensaufgabe ist dahinter verpackt und die bedeutet, in eine höhere Schwingung zu kommen. Erst wenn wir ein höheres Bewußtsein erreicht haben, ist unser Leben insgesamt gelungen.

Die persönliche Elemente-Zahl 2 – Ehe/Partnerschaft/Kommunikation (Erde):

heißt, daß dieser Themenkreis wahrscheinlich in Ihrem Leben eine sehr wichtige Rolle spielt, – entweder positiv durch eine Ausgewogenheit in diesem Bereich, oder negativ durch ein ständiges Bemühen um Partnerschaft.

Dieser Bereich entspricht auch dem Element Erde, das heißt das empfangende Prinzip, anders ausgedrückt: ich kann die Dinge auch geschehen lassen; nicht alles aktiv vorantreiben, sondern passiv erwarten können.

Partnerschaft ist im weiteren Sinne auch zu sehen als Umgang mit anderen, z.B. in der eigenen Familie, in der Abteilung einer Firma, im Umgang mit den Mitarbeitern, usw.

Die persönliche Elemente-Zahl 7 –
Kinder/Kreativität (See):

könnte sich ausdrücken durch intensiven Umgang und Beschäftigung mit den eigenen Kindern oder auch im Umgang mit einem vergeblichen Kinderwunsch.

Kreativität bedeutet auch ein Hobby zu betreiben, und ist auch Arbeit an seinem Selbstausdruck. Lasse ich es zu, daß ich mich so ausdrücken kann, wie ich will, oder lasse ich mich durch meine Umgebung (das tut **man**) so beeinflussen, daß ich nicht zu meinem Selbstausdruck komme.

Die persönliche Elemente-Zahl 6 –
Hilfreiche Freunde (Himmel):

bedeutet, daß Sie sich im Energiefeld Hilfreiche Freunde aufhalten. Das könnte heißen, daß Sie in einem Bereich tätig sein sollten, der anderen hilft, z.B. Vermittlung von Wissen, Lehrer, Arzt, Krankenschwester/Pfleger, Arbeit in sozialen Organisationen. Es könnte auch bedeuten, daß das Thema „Nehmen und Geben" in Ihrem Leben eine sehr große Rolle spielt, das Thema Ausgewogenheit, das Thema Gerechtigkeit oder auch das Thema Reisen.

Wie man sieht, gibt das Bagua sehr viel Aufschluß darüber, wie wir mit unseren Energien umgehen, bzw. was wir in unserem Leben tatsächlich lernen sollten, oder welche Dinge wir uns ganz besonders überlegen sollten, in Hinblick auf unsere Lebensaufgabe.

Unsere Lebensaufgabe ist,
ein höheres Bewußtsein zu erreichen.

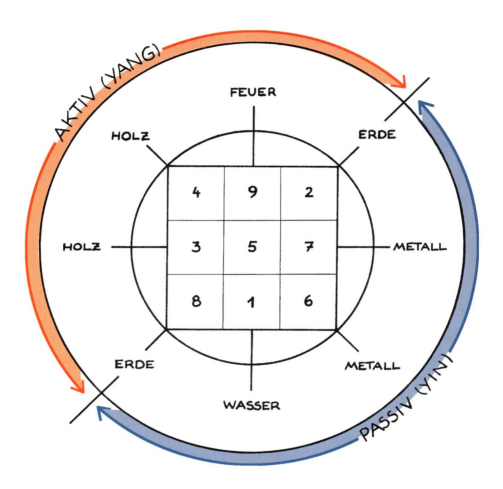

Wie wir aus dieser Skizze ersehen können, gibt es eine **Aktivseite** des Baguas, die gebildet wird von den Elementen Holz und Feuer, und eine **Passivseite,** die den Elementen Metall und Wasser entspricht, wobei die Trennung durch die Achse der Elemente Erde gegeben ist.

Wenn wir uns heimisches, westliches Brauchtum im Jahresverlauf ansehen, dann stellen wir verblüfft fest, daß diese Feste ganz genau mit dem Bagua bzw. der Elementelehre des Feng-Shui übereinstimmen.

Das Element Wasser (Elemente-Zahl 1):
Feng-Shui-Bereich Karriere

In dieser Zeit ist die Natur dunkel und zurückgezogen. Genau in dieser dunkelsten Zeit wird Weihnacht gefeiert (ein Licht ward geboren). Schon vor Christus wurde dieses Fest am 21. Dezember als Jahresbeginn im Mithras-Kult (Mittelmeerländer) ausgiebigst gefeiert. Es ergibt sich eine ganze Symbolkette: In der dunkelsten Zeit des Jahres (Yin) wurde in einer Höhle (Yin) die Geburt des Feuers (Yang) gefeiert = eigentlicher Beginn, Neuanfang des Jahres (christlich: denn das Licht kam in die Finsternis).

Das Element Erde (Elemente-Zahl 8):
Feng-Shui-Bereich Wissen

Die Heiligen Drei Könige sind dem Bereich Wissen zugeordnet, sie symbolisieren nicht nur weltliche Werte, sondern auch geistige, ausgedrückt durch Gold, Weihrauch und Myrrhe.

Einige Zeit später wird Mariä Lichtmeß gefeiert. Noch vor 80 Jahren war das die Zeit, in der Dienstboten gekündigt haben oder sich bei den Bauern neu verdingen mußten, ihr Hab und Gut haben sie in einer Truhe (Symbol für Bereich Wissen) mit sich getragen.

Das Element Holz (Elemente-Zahl 3 und 4):
Feng-Shui-Bereich Familie/Gesundheit und Reichtum

Dem Element Holz entspricht die Energie nach oben, wie die junge Pflanze, die die Energie nach oben richtet. So ist dieses gleiche Bestreben jetzt in dieser Zeit in der ganzen Natur zu sehen. Daher auch zu diesem Zeitpunkt **Ostern, die Auferstehung**. Jesus starb am Kreuz (Holz!).
Auch der **Palmsonntag** läßt sich problemlos in den Holzbereich einordnen. Im Heiligen Land wurden Palmen verwendet, bei uns nimmt man sogenannte Palmkätzchen, Zweige einer Weide.

Ganz deutlich kommt dies auch zum Ausdruck in einem Brauch, der bei uns in jedem Dorf praktiziert wird, nämlich dem **Maibaumsetzen.** Der Baum entspricht symbolisch dem Holz und paßt daher ganz genau zu diesem Zeitpunkt in unsere Feng-Shui Elementelehre.

Daß der 1. Mai zum Element Holz gehört, ist auch unschwer zu erkennen – wer kennt sie nicht, die **1.-Mai-Aufmärsche.** Man beachte das Wort **Auf**marsch, das Prinzip für aufstrebende Energie, mit den vielen Transparenten, die auf Holzstangen mitgeführt werden.

Ebenfalls betrachte man in den Alpenländern eine **Fronleichnamsprozession:** auch hier überwiegen die Fahnen und der Baldachin des Priesters auf Holzstangen. In den Gemeinden wird die Strecke mit Birkenbäumchen gesäumt, Blumen werden gestreut, all das entspricht dem Element Holz.

Dem gleichen Prinzip (nach oben) entsprechen auch die Feiertage **Christi Himmelfahrt** und **Maria Himmelfahrt.**

Gerade im Zeitraum des Bereiches Holz, das besonders viel Aktivität ausdrückt, finden auch sämtliche bei uns in den Alpenländern üblichen Feste statt, vom Feuerwehrfest bis zum Kirchenfest, sodaß es von Mai bis August tatsächlich kein Wochenende gibt, an dem nicht irgendwo ein Fest veranstaltet würde.

Das Element Feuer (Elemente-Zahl 9):
Feng-Shui-Bereich Ruhm

Das Element Feuer „Hochsommer" wird bei uns sehr schön zelebriert durch das Peter und Paul-Feuer, das sogenannte Sonnwendfeuer. Auch das ist bei uns in jeder kleinen Ortschaft zu bewundern. Dieser Brauch geht schon auf unsere Vorfahren, die Kelten, zurück.

Das Element Erde (Elemente-Zahl 2):
Feng-Shui-Bereich Ehe

Im Jahresrad befindet sich hier das Erntedankfest, Erde und Ernte sind nicht zufällig sprachlich und sachlich dem selben Kern zuzuordnen.

Das Element Metall (Elemente-Zahl 7):
Feng-Shui Bereich Kinder

Jetzt beginnt für Kinder das Schuljahr.
Früher wurde dieses Element Metall auch durch Waffen ausgedrückt. Kriege begannen immer im Herbst, nach der Erntezeit. Ist das vielleicht eine Erklärung, warum bei uns Schulen fast immer so gebaut sind, daß sie Kasernen zum Verwechseln ähnlich sind?

Die Feste Allerheiligen und Allerseelen entsprechen genau dem **Feng-Shui Bereich Hilfreiche Freunde, das Element Metall (Elemente-Zahl 6).**

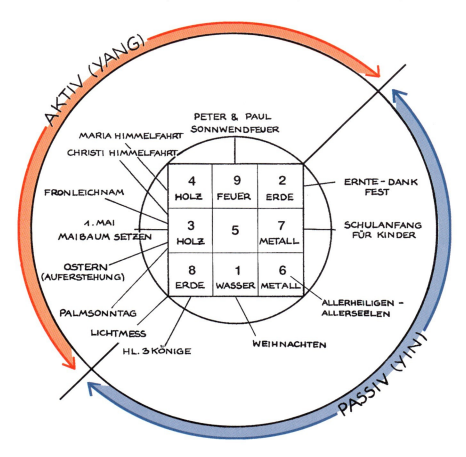

Was können wir daraus lernen?

Die Beschäftigung mit diesen Bräuchen zeigt uns, daß auch diese tatsächlich das Rad des Lebens symbolisieren. Dieses Rad des Lebens besteht aus Yang und Yin, aktiv und passiv. Wenn wir uns einfügen können in diesen Rhythmus des Lebens, dann führen wir ein Leben in der richtigen Schwingung, und das bedeutet auch in Gesundheit und Ausgeglichenheit.

Was unserer modernen Zivilisation abgeht, ist genau dieser Rhythmus. Überlegen Sie einmal: was passiert denn in der dunkelsten Zeit des Jahres, die eigentlich der Zurückgezogenheit, der Kontemplation, dem Nachdenken dienen soll? Genau in dieser Zeit wird es in vielen Betrieben am hektischsten: Alle, die etwas zu verkaufen haben, arbeiten bis zum Umfallen; gleißende Lichterketten, Lärm. In vielen Betrieben wird nicht nur das alte Jahr abgeschlosssen, sondern zu diesem Zeitpunkt das neue Jahr vorgeplant, daher herrscht allseits extreme Aktivität und auch Unruhe (Verdrängung des natürlichen Yin).

Viele Menschen fahren dann ganz erschöpft zu Weihnachten in den Süden, das bedeutet wiederum Aktivität (= Yang) und erneut Verdrängung des Yin-Bereiches.

Das soll nicht heißen, daß wir uns nicht ab und zu einen Urlaub im Süden vergönnen sollten, wenn das jedoch systematisch passiert, dann bedeutet es, daß wir unseren Bereich Yin, der genauso wichtig ist wie der Bereich Yang, verdrängen, und daher langsam aber sicher in ein Ungleichgewicht kommen.

Dieses äußerliche Ungleichgewicht drückt sich dann in einem innerlichen Ungleichgewicht aus, das früher oder später, – weil wir ja Sender und Empfänger gleichzeitig sind –, sich auch in einem äußeren Ungleichgewicht ausdrücken wird. (Die Welt wird dadurch immer yangiger = aggressiver).

Das Räuchern:

Einen wunderschönen Brauch stellt auch das bei uns übliche Räuchern zu den Rauhnächten dar, also über Weihnachten. Der eigentliche Beginn des Jahres ist der 21. Dezember, und ab diesem Beginn, der in der äußeren Natur kaum erkenntlich, aber in der inneren Struktur der Natur bereits vorhanden ist, ab hier rührt sich das Leben bereits, ganz versteckt in der Natur.

Genau in diesem Bereich findet in den Alpenländern das Ausräuchern statt, das heißt man geht mit Weihrauch durch alle Räumlichkeiten und spricht dazu Gebete.
Symbolisch bedeutet das einen ganz neuen Anfang. Durch das Ausräuchern werden die alten Energien aus dem Haus entfernt, und durch das Beten kommt Segen in das Haus.

Das gleiche Ritual finden wir im Feng-Shui wieder, wenn es darum geht, alte Energien aus einem Haus zu entfernen.

DAS GESAMTSYSTEM FENG-SHUI

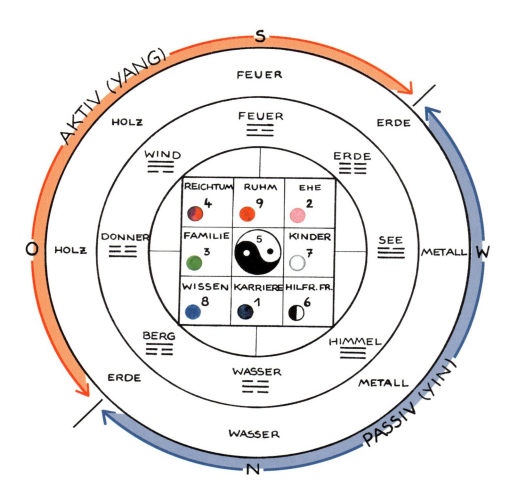

Ich möchte hier das Gesamtsystem Feng-Shui zeichnerisch darstellen. Wenn man sich damit beschäftigt, sieht man, daß es sich hier um ein geniales System handelt, das aufzeigt, daß das Leben ein Spiel von Energien ist.

Acht Energien bilden den Grundstock. Wenn diese acht Energien achtmal verknüpft werden, ergibt das 64 Möglichkeiten, diese 64 Möglichkeiten sind im Buch der Wandlungen, I-Ging, als geistige Stationen eines Lebens erkennbar und nachvollziehbar. Das Wunderbare an diesem System ist, daß es sich um ein dynamisches System handelt, und das bedeutet, das Leben verändert sich ununterbrochen, sehr schön ausgedrückt durch das Rad des Lebens (Elementelehre), und deutlich erkennbar auch in unserem Brauchtum.

Dieses System bietet nicht nur die Möglichkeit, zu erkennen, mit welchen Energien wir in diesem Leben lernen müssen umzugehen, sondern zeigt uns auch den roten Faden, worum es tatsächlich in unserem Leben geht. Es kann uns auch in schwierigen Situationen, in denen wir nicht wissen, ob wir bei der Weggabelung rechts oder links gehen sollen, eindeutige Hinweise geben, was die höchste Intelligenz für uns vorgesehen hat.

Daher stellt Feng-Shui nicht nur eine echte Bereicherung des Lebens dar, sondern ist auch eine präzise Lebenshilfe, und die Beschäftigung damit ist die hohe Schule der Persönlichkeitsentwicklung.

„LASS LOS UND LEBE"

von Albert Karl Wirth

Preis: € 18,10
Verlag Denkmayr, Linz

„Dieses Buch ist das Ergebnis eines jahrzehntelangen Entwicklungsprozesses", berichtet Albert Karl Wirth. „Ich hielt in den letzten Jahren viele Seminare über Mentaltraining, ganzheitliches Denken, Probleme lösen und auch viele andere Themen zur persönlichen Entwicklung ab. Und ganz allmählich entwickelte sich ein Kristallisationspunkt. Bei allem, was ich lernte und auch lehrte, schien, wenn man es ganz genau betrachtet, alles auf einen bestimmten Punkt hinzuweisen. Dieser Punkt ist das Loslassen. Es ist ein Universalschlüssel zu einem Leben in Fülle, in Harmonie, in Einklang mit sich selbst und auch mit seiner Umwelt."

Die Themen: Polarität – Die inneren Programme – Probleme lösen – Urteilen/Verurteilen – Partnerschaft – Ärger – Kritik – Angst – Schuldgefühle – Verzeihen – Kinder – Das Auflösen von alten, behindernden Programmen – Der Sinn des Lebens – Und dazu noch viele Tips und Anregungen für Meditationen und Energie-Übungen.

DU SCHAFFST ES GARANTIERT!

von Albert Karl Wirth

Preis: € 16,–
Verlag Albertus Magnus, Stadt Haag

Ganzheitlich erfolgreich durch Chancen-Denken

Es geht um das richtige Denken.

In unserer herkömmlichen Ausbildung wurde leider etwas Wesentliches vergessen, wenn nicht gar das WESENTLICHSTE!

Im Leben kommt es ganz entschieden darauf an, wie die persönliche Einstellung zum Leben geprägt ist. Also modern ausgedrückt – die Konditionierung. Man kann einem Menschen nichts Wichtigeres lehren als die positive Einstellung zum Leben, wobei auch die Sinnfrage mit eingeschlossen ist.

Ist das Leben ein Jammertal oder ist es ein kostbares Juwel? Jeder Mensch entscheidet das für sich.

Ein wertvolles Buch mit vielen Praxis-Tipps, Sprüchen und Zitaten.

EUROPÄISCHES FENG-SHUI INSTITUT HEUREKA

A-3350 Stadt Haag, Porstenberg 29
Tel. 07434/44095, Fax 07434/44422

Forschung und Lehre.
Eine Verbindung von östlicher Weisheit und
westlichen Erfahrungswerten.

Feng-Shui ist eine über 4000 Jahre alte Weisheitslehre der Chinesen über die Energie unseres persönlichen Wohn-, Arbeits- und Lebensraumes. Die Energie, die uns umgibt, hat entscheidenden Einfluß auf Erfolg und Mißerfolg, auf Gesundheit und Krankheit in unserem Leben. Die Chinesen nennen diese Energie „Chi".
Jede Wohnung, jedes Büro, jedes Geschäftslokal sollte im optimalen Energiefluß sein, damit die persönlichen Energieressourcen zu unserem Wohle genützt werden können.

Feng-Shui in der Wohnung: durch die Harmonisierung ist eine deutliche Zunahme von positiver Energie spürbar. Damit ist sichergestellt, daß die eigene Wohnung wieder das ist, was sie eigentlich sein soll: eine Oase der persönlichen Erholung, Entspannung, Geborgenheit.

Feng-Shui in Betrieb und Büro: durch die Harmonisierung sind die Mitarbeiter ausgeglichener, harmonischer. Trotz aller Hektik des Berufsalltags fühlt man, daß deutlich mehr positive Energie vorhanden ist. Das wirkt sich positiv auf die Kommunikation und damit auf das Betriebsklima aus.

Feng-Shui im Geschäftslokal: jeder Kunde, der ein Geschäft betritt, bemerkt sofort beim Eintritt, ganz unbewußt, welche Energieströme vorherrschen, und ob das seiner Schwingung entspricht. Feng-Shui verbessert die Energie im Geschäftslokal und das bewirkt, daß sich Kunden wohler fühlen und damit gerne wiederkommen.

Feng-Shui Beratungen, Seminare,
Ausbildung zum Feng-Shui Berater.

Fordern Sie nähere Informationen an:
EUROPÄISCHES FENG-SHUI INSTITUT, Tel. 07434/44095
e-mail: wirth@abnet.at, www.abnet.at/heureka

HARMONY - VERSAND

Schöne Dinge zur Harmonisierung
Feng-Shui Artikel
Tachyon-Produkte für unbegrenzte Lebensenergie
Bücher

HARMONY-VERSAND

Artikel zur Harmonisierung und Energiehebung sind auch auf dem Versandweg erhältlich, wie zum Beispiel:

- Tachyon-Produkte, • Feng-Shui-Artikel wie:
- Kristall-Mobile (einfärbig oder in Regenbogenfarben),
- Delphin-Mobile, • DNS-Spiralen, • Regenbogen-Spiralen,
- Feng-Shui Kristalle in verschiedenen Formen, Größen und Farben,
- Bagua-Spiegel, • Partnerdelphine, • Kantenentstörer,
- Feng-Shui-Räuchermischung, • Feng-Shui-Maßband, • Fensterbilder,
- Kreativkugeln, • Delphin-Duftlampe, • Wasserfall-Poster,
- Steinsalzkristall-Leuchten, etc.

Bitte fordern Sie unseren kostenlosen **HARMONY-VERSAND-KATALOG** an:
Tel. 07434 / 44095 oder e-mail: wirth@abnet.at
Sie finden uns auch im Internet: www.harmony-versand.at